不登校クエスト

内田拓海

飛鳥新社

はじめに　不登校でも「本当になんとかなる」

はじめまして。内田拓海です。1997年生まれの26歳、職業は作曲家です。

東京藝術大学音楽学部作曲科を卒業して、いまは同じ藝大の大学院美術研究科グローバルアートプラクティス専攻に籍を置きながら創作活動――作曲を軸にコンサートの企画や運営、依頼を受けて曲を書く〝委嘱作品〟の発表や、美術や文学などの他分野とのコラボレーティブなアートの制作、さらには音楽講師として藝大や音大を目指す人を中心に作曲の指導も行っています。


私は〝義務教育〟を受けていません。

一切、全く受けずに大人になりました。

小・中学校の間、たった1日も通学せず、いわゆる不登校で9年間を過ごしました。

不登校は、いまの日本には厳格な定義があるわけではないのですが、一般的に広く認識されているのは何かの理由があって「登校しない」「登校したくてもできない」

はじめに

子どもや状態のことを指します。年間30日以上の欠席が不登校かどうかの目安とされています。

不登校の子どもが増えているというニュースを目にした方もいると思いますが、この10年間、不登校の子どもの数は過去最多を更新し続けています。特に直近5年間で倍増していて、２０２３年に発表された文部科学省の調査によると、２０２２年度の不登校と認められた小・中学生は全国に29万９０００人、年間30日以上欠席している〝長期欠席者〟全体で見ると、46万人もの子どもが学校に「行けない」あるいは「行かない」という状況です。これはクラスに１人以上という計算になります。

私もこのうちの１人だったわけですが、私の場合は「（学校には行ってはみたけれど）登校しなくなった」という「就学児童の不登校」ではありません。

最初から、小学校入学する前に、自分の判断で「行かない」と決めていました。「選択的不登校」とでも言うのでしょうか、「非就学児童の不登校」でした。通うはずだった小学校には私の「学籍（その学校に通う生徒であることを示す籍）」がありません。学籍がないということは、「入学した」「通っていた」「卒業した」という記録が一切ない、ということです。

周りには不登校の子どももいましたし、長く海外で暮らしていて日本の小・中学校に通ったことがない大学の友人などはいますが、日本人の両親のもとに生まれたごく一般的な家庭なのに「小・中学校9年間丸々、一度も学校に行ったことがない」という人には私自身ほとんど出会ったことがありません。現代の日本では超レアケースの不登校なのかもしれませんが、とにかく私は、6歳から15歳まで、ただの1日も学校に通うことなく、自宅で、さながら〝毎日が夏休み〟な日々を送りました。

この本を手に取るのは、不登校の子どもたち自身というよりも、きっとその親御さんが多いのではと思います。

「子どもが不登校になってしまった……」

「なんでこうなっちゃったんだろう……」

「これから、親として何をどうしたらいいのだろう」

と悩まれている方も少なくないかもしれません。

私がこの本を通して、そうした不安や悩みを抱えている方に、まず最初に伝えたいと思っていることは、「不登校でも意外と大丈夫ですよ」ということです。

はじめに

私は小・中学校に行っていなかったので、高校に入るまでは授業やテストは一度も受けたことがありません。また、大勢の同世代の中で揉まれるような経験もありませんでした。

ただそれでも、今こうしてフリーランスの作曲家としてたくさんの人と仕事をしていて、それなりに苦労や悩みはありつつも、普通に社会生活を営んでいます。義務教育を受けずに育ったことで、何か大きな問題に遭遇したことは一度もありません。

日本の義務教育のレールから外れてしまったどころか、一度も乗ったことがない私が言うから本当です。少なくとも、子どもが「学校に行かない」「行けない」からといって、将来を悲観したり、心配し過ぎる必要はありません。

まずは、子どもを信じて待ってあげて欲しいのです。

この話をする時、私はいつも〝ハンバーグ〟を思い浮かべます。

ひき肉をパン粉や卵と一緒にしっかり捏ねて成形したら、熱いフライパンで焼いていきますが、美味しく焼くためのコツってご存じですか？　ハンバーグを焼き始めたら、やたらに動かしたり触ったりしないことなのです。ついつい気になって、ハンバーグの端を持ち上げてみたり動かしてしまうとフライパンから伝わる熱が逃げてしまいます。中まで火が通らなかったり、折角整えた形が崩れたりすることに……。

そうならないように、じっくりと火が通るまで触らないこと。触りたくなるのを、ちょっと我慢して、じっくり待っていれば、自然にちゃんと美味しく焼けますよね。

そう！　料理と子育ては同じ……というのは言い過ぎかもしれませんが、慌てずに見守ることが大事なのは一緒だと思います。

この世に「〝天才〟はいない」

小学校6年間と中学の3年間、計9年間をほとんど自宅で過ごすという日々の中で、私は音楽と出会いました。〝出会いました〟といっても、何かすごくドラマチックなことがあったわけではありません。毎日何時間も没頭していたRPG（ロールプレイングゲーム）の中で流れているゲーム音楽が、私の音楽への入り口でした。

楽器もしっかり習ったことはありません。家にピアノはあったので遊びで弾くことはありましたが、本当に〝触ったことがある〟くらい。

詳しくは本の中でお話ししていきますが、15歳の頃に「藝大を受験するぞ！」と決意して、実際に藝大受験に向けてピアノを習い始めたのは通信制高校に入ってから。

それまで、一度もきちんと弾いたことはありませんでした。

藝大の音楽学部を受験しようとする人はどの専攻でも、小さい頃から音楽家を志し、幼少期……それこそ3歳、4歳からピアノをはじめとする何らかの楽器を先生について習い始める人も少なくありません。それなのに、

「高校1年からピアノを始めました」

しかもそこから、

「藝大に合格しました」

というのは、自分で言うのもなんですが、なかなか珍しいかもしれません。

これだけ聞くと、私が何か〝特別な才能〟を持った人間、音楽的な素養に溢れた人間のように思った方もいるかもしれません。実際、私のことを取り上げたネットニュースを見た人からは、こんな言葉を投げかけられたりもしました。

「元々音楽の才能があったから藝大に入れただけでしょ?」

「天才だったからできたんだろう」

それは明確に違います。

私は天才ではありません。音楽的才能に恵まれているかといえば、それもそんなにはありません。

音楽的な素養でよく言われる〝絶対音感〟もありません。

もしも私に何らかの才能があるとすれば、それは「音楽が好きである」「芸術が好きである」ということです。そして、そのために必要な最低限の集中力、読解力も才能というものに含まれるかもしれません。

でも、それは天賦の才を与えられているのとは違います。

そもそも、天才は「この世の中に存在しない」と私は思っています。冷静に考えてみてください。藝大は音楽学部、美術学部合わせて1学年でおよそ500人もの入学者を毎年受け入れています。天才が、そんなにゴロゴロいるわけがありません。

天才という言葉自体、ある意味でとても無責任な言葉かもしれません。

〝天才〟とペタッと貼るだけで、「私とは関係ないよ」とレイヤーを作ることができる。使い勝手の良いラベリングとして使われることも少なくないでしょう。

「いや、彼は天才だから」

「天才だから、そんなことが実現できたんだよ」

負い目を感じること、コンプレックスを感じそうになる人に対して、天才というラベルを貼ってしまうことで、「自分とは別世界にいる人間だ」と思い込むことができる。そういった側面が、この言葉にはあります。誤解を恐れずに言えば、そうすることで「自分を守っている」というのでしょうか。特に、音楽や美術は、日常的に触れている人は決して多くありません。つまり、多くの人にとって「よくわからない」ものです。自分にとって理解しにくい物事を「天才」で片づけてしまう世の中の風潮に疑問を感じています。

才能を判断できるのは時間だけ

アーティストやクリエイターが天才かどうかは、少なくともその人が〝生きている〟うちは誰にもわからない〟という考え方があります。

例えばバッハやモーツァルト、ベートーヴェンは、子どもから大人まで世界中の多くの人が知っている大作曲家ですが、彼らが数多の作品を作っていた時代から、すでに200年、300年が経っています。

それくらいの年月を経た後でもなお、人々から愛され続けているのであれば、それはある意味での普遍性や、才能の現れと考えることができるかもしれません。

私は、天才とは、そういうものだと思っています。


日本を代表する作曲家と言えば、私も尊敬する坂本龍一さんがいます。

坂本さんは２０２３年3月、惜しまれつつこの世を去りましたが、類まれな才能に溢れた音楽家としてたくさんの作品を残し、日本だけでなく世界に大きなインパクトを与えました。

こんな私も坂本さんの曲を聴いて、「自分もこの道に進みたい」と思ったうちの１人です。〝坂本龍一〟への憧れから作曲を始めた人は少なくないと思います。

ただ、そんな坂本さんですら、安易に天才だとは言い切れない、と思います。

そして、坂本さんもまた〝努力の人〟です。６歳の頃からピアノを習い始め、10歳で早くも、藝大作曲科の教授であった松本民之助さんに師事しています。高校生の時にはすでに、様々なジャンルの音楽に関心を持ちながら貪欲に作曲を学んでいたといいます。そうしたたゆまない情熱と努力によって身につけた潤沢な音楽的知識と教養の上に、『Merry Christmas Mr. Lawrence』や『The Last Emperor』は生まれていたわけです。与えられた才能だけで楽曲を生み出していたのでは、決してないのではないでしょうか。

坂本さんをもってしても、天才かどうかはわからないのであれば、比べるべくもない私は、才能があるかどうかの判断ができる土俵にすら立っていないと思います。
私に人より少し違う部分があるとするならば、やはり小学校、中学校に「ただの1日も通わなかった」こと、そして常に自分なりの「疑問」を持ち、生きてきたというところでしょう。

なぜ学校に行かなかったのか。
毎日何を見て、何を考えていたのか。
自分のやるべきこと、進むべき道をなぜ見つけることができたのか。
そして、何をどうやって壁を乗り越えてきたのか。

この本の中で、私自身、振り返りながらお話ししていけたらいいな、と思っています。そして、それが少しでも、不登校の子どもたち――生きづらさを抱える誰かのヒントになってくれたらいいなと思っています。

特別な能力を持って生まれてきたわけでもない、私でも大丈夫だったのですから。

きっと誰にでも歩いていけるはずです。

内田拓海

不登校クエスト　目次

1章 小学校から中学校までに「考えていたこと」「やってみたこと」

2章

高校から大学までに「考えていたこと」「やってみたこと」

3章 無職ニートから作曲家になるまでに「考えていたこと」「やってみたこと」

1章

小学校から中学校までに「考えていたこと」「やってみたこと」

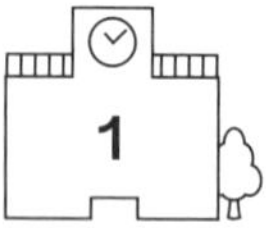

不登校だけれど コミュニケーションは 「大好き」

　私の家はトラック運転手の父と母、妹2人の5人家族。幼少期はどちらかと言えば、生活を切り詰めるような貧しい時期もありましたが、それ以外はごくごく一般的な家庭だったと思います。

　父も母も、普通に義務教育を受けて育ってきていますから、そんな家庭で「学校に行かない」という選択をすることは、大きなチャレンジだったかもしれません。

「9年間ただの1日も学校に通わなかった」と聞くと、たいていの人は私に対してこう思うかもしれません。

「さぞや人嫌いで〝コミュ障〟なんだろうな」

「周囲や社会から離れて、引きこもって生きてきたんだろうな」

　たしかに同世代の子どもとの関りは極端に少なかったので、半分は当たっていますが、私自身は人嫌いやコミュ障ではまったくありません。むしろどちらかといえば、幼い頃から人とのコミュニケーションが大好きでした。1人で遊ぶだけでなく、近所の子どもや身近にいる大人と遊んでいることも多かったと思います。

「人とコミュニケーションをとることが大好き」という部分は、1人で作業を進めることが多い作曲家になった今も、変わっていません。

保育園で理不尽な大事件

そんな私が、なぜ小・中学校に「行かない」と決めて、それを頑なに実行したのか？不登校を始めるきっかけは、それより前の保育園時代にさかのぼります。今もはっきりと覚えている、明確なきっかけがありました。

母も働いていて共働きだったので、私は保育園に預けられるようになったのですが、通い始めて少しも経たないうちに、〝事件〟がその保育園で起きました。

その頃の私は絵を描くことが大好き。その日も、保育園にあるクレヨンで楽しく絵を描いていました。みんなでシェアしながらクレヨンを使っていたのですが、突然、そのうちの1人が、私がまだ使っている途中のクレヨンを奪い取ってしまいました。急な出来事にびっくりしたのですが、私がすぐにその子からクレヨンを取り返すと、その子は泣き出してしまいました。

すると、保育園の先生は私を叱りました。

「違うよ！　最初に取ったのはあの子だよ！」

そう訴えたのですが、先生は聞く耳を持たず相手にしてくれません。悔しさのあまり、私も大号泣してしまいました。

「もう、あんなところには行きたくない」

涙ながらにそう訴える私に、思うところがあったのでしょう。このようなトラブルがほかにも立て続けに起こったこともあって、母は保育園に私を預けることをやめました。

この事件の頃からかもしれません。

自分以外の誰かが決めたこと――「行かなければならない」場所や「しなければならない」ことに対して、私が不信感や違和感を持つようになったのは。

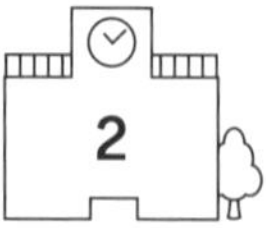

自分のことなのに「なんで誰かに決められないといけないの？」

保育園に通わなくなった私は、近所の公園で1人で遊ぶことが多くなりました。誰もいない公園のグラウンドに、勝手に長い穴を掘ってそこに水道から水を流して水路を作ってみたり、落ちている石を拾い集めてずっと並べてみたり……。ひとりで夢中になって遊ぶことも、これはこれでとても達成感がありました。

でも、こんなふうに公園に行くことは大好きなのですが、「公園に行きましょう」と誰かから言われるのはダメなんです。「行こう」と言われると強制されているようで、すごく嫌な感じがします。

それを象徴するような記憶がひとつあります。当時、NHKの教育番組と言えば『おかあさんといっしょ』でした。私も好きな番組でよく見ていたのですが、その番組の中に1つだけどうしても許せないことがありました。

歌のコーナーでたまに流れる『公園にいきましょう』という歌。子どもの私は、この歌が本当に大嫌いでした。

「なんで、誰だかもわからない人に〝行かされなきゃ〟いけないいんだ!」

天邪鬼だというのか、なんというのか。とにかくそれくらい、物心ついた頃から自分のことや行動を、他人に強要されたり、命令されることに納得できないない性分でした。

自分なりの優先順位

例えば、絵を描いている私が母からこう声をかけられたとします。

「そろそろごはんだから、もう片付けなさい」

そう親に言われたら、たいていの子どもは渋々ながらも「……はーい」と絵を描くのをやめにして、食卓に向かうでしょう。でも私は絵のほうを優先したいんです。

「それはあなたが決めた予定でしょ？　こっちが終わるのを待っててよ」

「何なら食べなくてもいいから！」

夜遅くまで起きていると、「もう歯を磨いて寝なさい」なんて皆さんも言われたことがあると思います。親としてごくごく当たり前の言葉であり、家庭の日常風景ですが、これにも反発していたくらいです。

「自分のことなのに、なぜ誰かに決められないといけないんだろう？」

そんな疑問が確かにいつも自分の中にありました。自分の中で「すべきこと」「したいこと」の優先順位が明確にあって、その優先順位を自分以外の誰かに崩される、ということに耐えられない。もっと正確に言えば、耐えられないどころか、そうされると頭の中がぐちゃぐちゃになってしまって、自分のやるべきことがわからなくなってしまうのです。

優先順位だけではありません。「お兄ちゃんなんだから……」「男の子なんだから……」と、年齢や性別だけで〝そうあらねばならない〟と決めつけられることもです。最近でこそ、こうしたパーソナリティやジェンダーに関する一元的な認識はされなくなりつつありますが、私が子どもだった2000年代前半は、まだまだそうした考え方や感覚が色濃くありました。

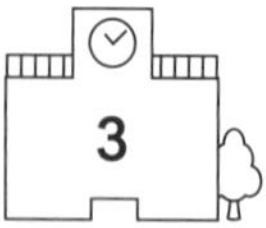

〝3〟〝青緑赤〟…「自分のこだわりは譲らない」

今振り返ると、私は自分のしたいことを譲らない頑固な子どもだったと思います。でも一方で、そのことは「これは好き」「あっちは嫌」といった自分の感覚を純粋に信用していた、とも言えるかもしれません。

「なぜかはわからないけれど、しっくりくる」

そう感じるものが「自分にとってすごく意味のあることだ」と感じていましたし、そういうものを今も大事にしています。

いくつかそのこだわりを挙げてみると、月並みですが幼い頃から「数」には関心があります。数は不思議と「3」が好きで、例えば何かモノを集める時、手元に置く時、3つ集めることに心地良さを感じます。誰かからお菓子を配られたとして、2個じゃ落ち着きません。4個でも嫌。3個あると美しいと感じるのです。

子どもの頃、私は〝ガチャガチャ〟が好きで、母と一緒に買い物に行くたびにせがんでいました。基本的には断られるのですが、ごくたまに、何とか1回やらせてもらえることがありました。ところがそこで、同じモノがダブッて出てしまうと……今度はそれが3つ揃うまで居心地の悪いような感じがするのです。明確な理由は私にも説明できません。

ただ、そもそも3という数字自体、大昔から重要な意味を持つ数字として扱われています。日本には「三人寄れば文殊の知恵」ということわざもありますし、キリスト教には「三位一体」という教理もあります。力学的にもバランスがとれています。

実際、作曲家としてアルバムに収録する楽曲の構成を考える時にも、数を発想の起点にすることもよくあります。3を軸にすると、意外と収まりが良かったりするのです。例えば、5分の曲を3つ集めると15分です。すると、15分という時間は、60分のアルバムのちょうど1ブロック分になります。モノを作るという仕事をしている中で、こんなふうに「数で整える」というのは、発想としてとても役に立っています。

自分ルールは大切に

もうひとつの譲れないモノは「色」。

私は色にも強くこだわりがあって、「青」「緑」「赤」の3色が好き……特に幼かった頃は、「この3色でなければいけない」というくらい絶対的に青、緑、赤がいいと思っていました。さらに言えば、この3色はいつも必ず青→緑→赤の順番でないとダメ。並べるのにも置くのにも使うのにも、赤→青→緑でも青→赤→緑でも、どうにもしっくりこない。

2023年の冬、自分の作品だけを集めた初の〝作曲個展（コンサート）〟を開催したのですが、その告知用フライヤーやプログラムノートの色は、青をメインカラーにしました。1回目の個展ですから、やはりなんとなく青がふさわしい気がしたのです。もし今後、2回目の個展を開催することがあれば、緑を選ぶかもしれません。

こうしたこだわりは、大人になった今は当時ほどではありませんが、いまだに自分の〝直感〟として生きていると感じることがあります。周囲からすると、ちょっと「変わっている」と思われるようなこだわり。ただ、こうした崩せない自分ルールというものは、きっと誰もが持っているはず。もしかしたら、何かに迷った時に助けてくれるものかもしれません。

だからこそ、そうしたこだわりは、今も大切にするようにしています。

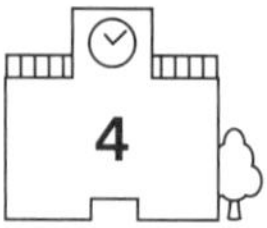

6歳で確信した「小学校には行かないほうがいい」

保育園に行かなくなった私は、自宅で絵を描いたり公園に遊びに行ったり……と自由に楽しく生活をしていました。そんな6歳の冬のある日だったと思います。

「こういうのが来たよ?」

母はそう言いながら、私に1通のハガキを見せてくれました。市役所から送られてきた入学通知書でした。

《ご入学おめでとうございます!》と、お祝いの言葉が添えられていたのを、よく覚えています。

「来年から小学生だって。どうする?」

「どうする?」というのは、言うまでもなく「小学校、行く?」という意味です。一般的に考えれば、小学校に行くも行かないもありません。基本的には誰もが行くものであり、親が子どもにわざわざ意思確認すること自体、なかなかないでしょう。

でも母は、こだわりが人一倍強く、頑固で、保育園をすぐに辞めたりしてしまった息子に何か思うところがあったのかもしれません。入学通知書には入学予定の公立小学校が記載されていて、決められた期日までに必要事項を記入して、その指定小学校に提出しなければいけないことになっていました。

「どうする？　行く？」

「いや、行かないよ」

私は、一切迷うことなく即答しました。

「小学校には行きたくない」

私は、まったく迷うことなく即答しました。

「えっ！　本当に行かないの？」

私の言葉に母は少し驚きながらも、その後、「小学校に行かせる」か「本人の意思を尊重する」か、父と話し合ったそうです。母に当時の話を聞くと、「〝学校に行かない〟というかもしれない」という予感はあったと言います。

当時、私は6歳。世の中のことを何ひとつ知らない子どもでしたが、「行かない」と断言できるくらい、私の中には確信めいたものがありました。

「小学校は行かないほうがいいだろうな」

「自分にとっては、行かないほうがいいところだ」

保育園での出来事も、少なからず影響していたとは思います。

不登校宣言を尊重してくれた両親

もうひとつ、身近な存在として「ホームスクーリング」をしていた知り合いがいたことも、私にとって大きかったと思います。外国人のお父さんと日本人のお母さんを持つ年上の友人がいたのです。

ホームスクーリングとは、学校に通学せず、自宅を拠点として学習を行う教育形式のこと。日本では、現在もそこまで浸透したスタイルではなく、海外でもその受け入れられ方は国によって様々です。アメリカなどホームスクーリングが広く認知されている国では、法律的にも権利を認められています。

ホームスクーリングの方法は様々ですが、自宅で親が先生となる場合もあれば、インターネットを使って授業を受けたり、単に主要な教科の勉強という範疇だけでなく、子どもの自主性や興味・関心に沿って学校では学べないようなテーマを深く学ぶスタイルもあります。

私よりひと回り上のその子も、学校に通わずにホームスクーリングをしていました。当時、家族ぐるみで付き合いがあったので、幼かった私もホームスクーリングという

スタイルを何となく知っていたわけです。私の決断にどれくらい影響したのかは、わかりませんが少なくとも、彼の存在によって、

「学校に行かなくても勉強も生活もできる」

という感覚が、私の中にあったことはたしかです。

息子が学校に行かないという選択をしたことに対して、両親は少し心配はあったのかもしれませんが、大反対することも叱りつけることもなく、私の意思を尊重してくれました。

私の父や母が、ホームスクーリングなどの先進的な教育に特別理解があったわけではないと思います。逆に教育にまったく無関心の放任主義だったというわけでもありません。ただ、父は幼い頃に両親が離婚した関係で、一時的に学校に通えない時期があったそうです。だから、学校に行かないということに少しは考えがあったかもしれません。母は、もちろん小学校に通っていましたし、ごくごく普通に義務教育を受けてきましたが、「子どもの意思を尊重しましょう」という考えを持っていました。

もしも両親のこの決断が違うものだったら、私はまったく違った人生を送っていたのだろうと思います。

5

まさかの学籍消滅で「存在しない子」に

「小学校には行かない」と家族で決めたのは良かったのですが、そう小学校に返事をすると、すぐに教育委員会の担当者と小学校の校長先生が揃ってわが家に飛んで来ました。家庭訪問からの4者会談です。

２０００年代の始め頃（現在もかもしれませんが）、「入学もせず一日も通わない」という子どもやそれを容認する家庭は、かなりレアケースだったのかもしれません。ホームスクリーングはもちろん、そもそも不登校ということに対しての理解や見方も現在とは大きく違ったのだと思います。教育委員会の方や校長先生としても、驚いたのも無理はありません。

両親が学校側と話し合いをしている間、私は別の部屋で遊んでいたことを覚えています。

学校側は、「拓海君を小学校に通わせるように」と、なんとか両親を説得しようとしたのでしょう。でも、今度は両親が首を縦に振りません。

「本人が〝行かない〟と言っているので」

先ほども書きましたが、父も母も教育の専門家でもなんでもありません。何か確固たる信念や、確信があったわけではなかったと思います。それでも自分の子どもの言葉や感覚を信じてくれたのです。

教科書ももらえない

話し合いはずっと平行線でした。「行かない」というわが家の方針に、学校側も納得できなかったのでしょう。とうとう、学校側が〝キレ〟てしまいました。

「それでは、1年間、本当に通わなかったら小学校から拓海君の〝籍〟を抜くことになりますが、それでもいいんですね?」

そう言って、教育委員会の担当者と校長先生は帰っていったそうです。

彼らが言う〝籍〟とは、「学籍」のこと。学籍は、その学校や教育施設の児童、生徒であることを示す籍です。この学籍は子どもひとりひとりに、小学校から大学、大学院まで教育施設ではかならず与えられて用いられているものです。そしてその記録は法令に基づいて〝指導要録〟という記録簿によって、必ず管理されることになっています。つまりとても大事なもので、本来は「籍を消す」ということはあり得ない事態です。実際、法令に触れる可能性があることだそうですが、それでも消し去ってしまうというのですから、学校側としては、本当に受け入れ難いことだったのだと思います。

　結果、私は本当にどこの学校にも籍がない児童、学校教育においては〝存在しない子ども〟になってしまいました。

「そんなこと、平成の時代に起こるの？」と思う方もいるかもしれませんが、本当に起きたんです。

　どこにも在籍していないので、記録上、そして事実上、私は小学校に入学も卒業もしていません。こうした表現が正しいのかはわかりませんが、一般的にイメージする不登校の子どもの場合、学校には通わなかったとしてもクラス分けされて、「1年3組です」といったお知らせが学校から来ます。全教科分の教科書や副教材も一式貰えます。でも私はそもそも籍がないので、そういったものも、もちろんありません。

　そういう状況でも、私個人としては自分で「行かない」と決めていたので、気にもなりませんでしたし、まったく問題ないと思っていました。

　ただ、この〝無学籍〟問題は、後々面倒なことになってしまいます。

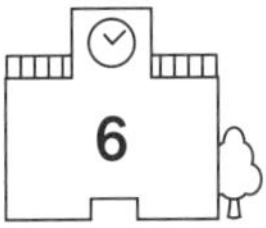

「学校へ行け」「勉強しろ」と言われたことは一度もない

近所の人や親戚、周りからは「変わった子どもで大変だな」という目で見られていたかもしれません。母は亡くなった父方の祖父からも、厳しい言葉を投げかけられていたそうです。

「あなたの育て方は、私は正しいとは思わない」

私が藝大に入学して、作曲家として歩み始めたことで、祖父も最後は認めてくれていましたが、そんなふうに、両親は周りからは色々と言われていたはずです。

それでも、母や父から、

「学校行きなさい！」

「勉強しなさい！」

と一度でも言われた記憶はありません。「学校、行ってみない？」と聞かれたこともありませんし、それどころか、私を心配するそぶりもありませんでした。本当は心配もしていたのかもしれませんが、それを私に見せたことはありません。私の不登校や教育方針を巡って、両親がケンカしているところも見たことがありません。

こう書くと、「教育に無関心な親」だと思う方もいるかもしれません。でも、教育的ネグレクトということではまったくなかった。

「自分の好きなことをやりなさい」

「自分のやりたいように生きなさい」

特に母は、それが子どもにとって大事なことだと考えていたのです。

父のほうは、どちらかと言えば私の教育に積極的には関わってこないタイプの人でした。でも普通の親子のコミュニケーションが無かったわけではなくて、幼い頃は近くの海や公園へ一緒に出掛けたりもしていました。ただ今思うと、父も内心では気にかけていたのかもしれません。

なんでもやらせてくれた習い事

一度だけ、私が10歳の頃、父が「本、読んでみる?」と言って、児童文学作家の高木敏子さんのノンフィクション『ガラスのうさぎ』を買ってきてくれたことがありました。中学生になった後、「少し身体を動かしたほうがいいんじゃない?」と、知人がやっている道場へ連れていって、空手に通わせてくれたのも父です。

両親はとにかく、私が「好きなことを、やりたいことをできるように」と惜しみなくサポートをしてくれました。本や図鑑も、私がなんとなく興味がありそうなものを買ってくれたりしていましたし、私が「やってみたい」「行ってみたい」といった通信教育や習い事は、たいていふたつ返事でやらせてくれました。「こういうことができる場所があるよ」と勧めてくれることもありました。藝大受験を決心してからは、試験科目の作曲などのレッスン費のほぼ全額も、浪人期間を含め4年間支払ってくれました。もちろん藝大の入学金や4年分の学費もです。

こう書くと、内田家が裕福な家庭だと思われるかもしれませんが、冒頭にも書いた通り決してそんなことはありません。私自身、大学進学のために奨学金を借りていますし、両親はその学費を支払うために国の教育ローンから数百万円も借りています。

また、振り返ると、子ども心に「結構大変だった」という記憶はたくさん出てきます。父は何度も転職を繰り返していて、子どもが私を含めて3人。母も仕事を持ってはいましたが、収入の不安定な自営業で、家計はかなりギリギリだったはずです。月に1回のマクドナルドが、ささやかな贅沢というような生活ぶりでした。

7

〝ゲーム〟〝公園〟〝お絵描き〟三昧の「毎日が夏休み」

「小学校に行かないで、毎日何をしていたの？」

そんな質問をよくいただきます。普通に通学していた人からすると、不登校の子どもの一日はイメージがしづらいかもしれません。

学校に行かない生活というのは、朝起きてから夜寝るまですべてが〝自分の自由時間〟です。言ってみれば「毎日が夏休み」。私は教材やドリルを使うような普通の勉強はほとんどしませんでした。ひたすら遊んで、不思議に思っていることについて、好きなだけ考え続けていられる、エキサイティングな日々でした。ひとりで、思い通りに気ままにできることがたくさんあって、とにかく面白かった。

朝8時、9時くらいに起きたら朝ごはんを食べて、まずゲームをします。午前中のゲームは少しだけにして、その後は外に遊びに行きます。遊び場はいくらでもありました。近所の公園や駄菓子屋はほとんど毎日行く場所でした。

近所の同世代の子どもたちはみんな学校に行っているので、基本はいつもひとりです。自転車に乗って公園に行って、ぐるぐる歩き回ってみたり、キレイな形の石を拾いに行ったり。公園の帰りに駄菓子屋に寄ると、買い物に来ている近所の人に「あれ？学校はどうしたの？」なんて、心配されたり、驚かれることもありました。

近くのイトーヨーカドーも私にとっては重要な遊び場のひとつ。イトーヨーカドーのおもちゃ売り場には、色々な形や色のおもちゃがあるので子どもにとっては美術館のようなものでした。その年齢くらいの子どもは、何をしていても楽しいのです。

寂しいと思ったことは一度もない

外から帰ってきて、昼ごはんを済ませたら、本格的にゲームの時間が始まります。子どもの頃の私はとにかくゲームが何より好きで、時間さえあればとにかく延々とやっていました。そのほとんどがRPG。『ファイナルファンタジーⅥ』や『クロノ・トリガー』といった超名作を毎日何時間も、時には晩ごはんも食べずに夢中になっていました。それでも両親は、「ゲームばっかりしてないで！」と、私を咎めたことはほとんどありません。

徹底して、「やりたいように生きる」ことを認めてくれました。

そうそう。ゲームというと、世代的にはちょうど『遊☆戯☆王』や『ポケットモンスター』といったトレーディングカードゲームが流行していました。ゲーム好きの私としては、ちょっと興味はあったのですが、何せいつもひとりなので〝対戦相手〟がいません。ですから私にとっての楽しみ方は、カードを買って、並べて眺めること。よくよく見てみると、同じキャラクターでも色々な絵柄があったり、レアなカードにはホログラム加工がされていたりして、見ているだけでも面白かったのです。

ちょっと寂しそうにも思えるかもしれませんが、私としては何をしていても「楽しい」という気持ちが上回っていて、寂しいと感じたことはありませんでした。

ゲーム以外では、絵を描くことも日課のひとつ。

私は小さい時から絵を描くことが好きで、やはり寝食を忘れるほど、夢中になる時もよくありました。好きな漫画のキャラクターを描いたり、幾何学的な模様だけをひたすら描いてみたり、父が趣味でやっていたボディボードに絵を描かせてもらったり、自分で空想した奇妙な魚の絵を描いて、架空の図鑑を作ったりもしました。一日中こんな調子です。

やりたいことがたくさんあり過ぎて、毎日が日曜日でも足りないくらいでした。

8

自分のやりたいように「好きなことを学ぶ」

基本的に毎日「起きて、遊んで、寝る」の繰り返しでしたが、私自身が勉強や学習が嫌いというわけではありませんでした。

むしろ学ぶことは好きでした。ただしそれが、自分の興味のあるものだけ、やりたいものだけ、ではあるのですが。

本もやはり自分の興味があるものを好きなだけ眺めたり、何度も読み返しました。特に印象深いのは小学館が刊行していた図鑑シリーズ。家に何冊か買ってもらったものが置いてあり、中でも『昆虫の図鑑』が私のお気に入りでした。どちらかと言うと、虫は苦手なほうなのですが、図鑑を通して見ると、その不思議な模様や生態の解説に夢中にさせられ、何度開いても飽きることはありませんでした。

多くの子どもたちの憧れでもあった、学研の学習雑誌『○年の科学』も、私のお気に入りでした。読み物や連載マンガだけでなく、自分で〝名前シール〟を作ることができるラベルプリンターや草をすり潰して観察する謎の器具、生物飼育セット……等々、毎号楽し気な付録がついてきて、ちょっとした実験ができることが面白かったのです。

また、自分の学年にこだわらずに好きな号だけを購読をしていた、ということもその面白さに輪をかけていました。

例えば、私が9歳の時でも3年生向けのものではなく、本来は6年生向けの『6年の科学』を読んだりしていたのです。

「うーんと……1月号は『4年の科学』、2月号は『6年の科学』、3月号は……これは『3年の科学』にしよう」

年間刊行スケジュールには、各学年と各月ごとに予定している特集や付録が予告されています。その予告を見て、自分が「面白そうだな」と思ったものを虫食い式にひとつずつ選んで買ってもらっていました。

「2年生だからコレね」と決められたものを買うのが嫌だったというよりも、単純に「気になるものを読んだほうが面白い」

と思っていたからです。ただし、各学年ごとに掲載される連載マンガが〝歯抜け〟になってしまってきちんと読めないことだけは、この方式の唯一の欠点でしたが。

習い事も自分のやりたいこと、興味があることだけ。

10歳くらいの頃から、絵画教室と英語教室に通い始めました。英語は、ふと「ちょっとやってみたいな」と思って、私から両親に「習わせて欲しい」とお願いして始めました。こちらは教室の雰囲気がそれほど合わなかったこともあり、あまり長くは続かなかったのですが、絵画教室は母が「行ってみる？」と提案してくれました。私がたくさん描いている様子を見ていて、「好きなことを伸ばしてあげよう」と考えたのかもしれません。

近所にあったその絵画教室は、水彩でも油彩でも自由に描かせてくれるところで、ほかの子どもたちと一緒に絵に集中できました。

ただ一度、その絵画教室で行くことになった〝サマーキャンプ〟だけは「嫌だな」と感じたことを覚えています。キャンプに参加してみると、ほとんどの子どもは良くも悪くも〝普通〟の子どもで、落ち着きなくはしゃぎ続けるその子たちと一緒に寝泊まりすることはストレスでした。もちろん、傍から見れば私もそのはしゃいでいた1人だったと思いますし、すべてが悪い思い出ではないのですが……。

ここまで読んで、読者の中にはお気づきの方もいると思います。この時点で、私は音楽教室にも通っていませんし、ピアノを習ったりもしていません。

当時の私にとっては、音楽よりも英会話、絵のほうが興味があることだったのです。そんな私が10年後には藝大の音楽学部に入り、作曲家になるのですから、人生はわかりません。

身近ではあった音楽という存在

ただ、この頃には何となくですが音楽を意識するようになっていました。ゲーム中に聴いていたBGMに強く惹かれていたことはもちろん、家の中でクラシックを聴くことが多かったからです。

というのも、私の母が音楽の仕事――ピアニストをしていたからです。

ピアニストといっても、コンサートホールで弾いたり、お客さんに演奏を聴かせるピアニストではありません。「バレエ・ピアニスト」でした。バレエ・ピアニストと言っても、イメージできる人は少ないかもしれませんが、簡単に言うとバレエのレッスンをする際に必要な〝伴奏〟を専門に弾くピアニストのことです。バレエ公演ではオーケストラが入りますが、リハーサルや日々のレッスンなど公演の準備をする際には、その伴奏を付けてくれる人が必要になります。

実際はCDなどの音源再生を使っている場合も多いのですが、レッスンでは色々なパターンを繰り返し練習しますし、変化していく先生の動きに合わせて、即興で曲を演奏してくれるピアニストがいてくれたほうがいいのです。大きなバレエ・カンパニーやバレー学校では、基本的に専属ピアニストを雇っています。

そんな母の仕事のおかげで、家にはアップライトですがピアノもありましたし、クラシックのＣＤもたくさんありました。ちょっと車で出かける時、車内に流れる曲もクラシック。特に、フランスの作曲家、モーリス・ラヴェルの『ボレロ』は、同じリズムやメロディをずっと繰り返し続けるのが子ども心に「面白いな」と思って聴いていました。自分でＣＤを選んで、ベートーヴェンのピアノソナタなどを聴くこともありました。

そうした環境だったことは、振り返ってみると幸運なことでした。楽器こそ習っていなかったものの、「クラシックはわからない」「聞くと眠くなっちゃう」というような感覚を覚えることがなかったのですから。

12歳の時には、当時見ていたテレビアニメ〝こち亀〟に出てくる〝中川〟の影響でヴァイオリンに興味を持ちました。やるのであれば3種類の弦楽器――ヴァイオリンとギター、それから三味線の〝3つ〟をやってみたいと思うようになりました。そこで、知り合いの先生にお願いして、まずはヴァイオリンを教えてもらうことに。もちろん本格的にプロを目指すというようなものではなく、あくまでも趣味として、です。

ただ、自分から「やってみたい」と言ったはいいものの、楽器の習得はそんなに簡単なことではありません。興味こそあれ、ろくに練習もしなかったので、先生からは「ちゃんと練習してきてね」と怒られてばかりの不真面目な生徒でした。

ギターや三味線もきちんと習ってみたかったものの、そこまで習い事として通える経済的余裕は当然ありません。ギターは中古で安いものを買ってもらって、好き勝手に弾いてみるくらい。三味線に至ってはその機会もなく、いまだに触ったことすらなくそのままです。

こうした話をすると、「ピアノくらいは習っていたのでは?」と思われることも多いので誤解のないように書いておきますが、前述したように母からピアノや音楽について何か教わった経験は一度もありません。藝大受験期、お金がなかったこともあって少しだけピアノを教えてもらうようになりましたが、それまでは基本的に母との音楽の話はほぼゼロ。当然、ピアノはまったく弾けません。

ただ、やはりそれでも、音楽が身近な存在だったことは、自分の人生の中でとてもラッキーなことだったと思います。

〝掛け算九九〟全部言えなくても「親には絶対に教わらない」

ピアノや音楽と同じように、ホームスクーリングではありましたが、私は勉強も両親から教わってはいませんでした。

正確に言うと、7歳くらいまでは母が勉強をみてくれてはいました。〝みていた〟とは言っても、小学校で使っている教科書も手元になく、教材は100円ショップで買ってきた〝ドリル〟だけ。

でも、こういう言い方は失礼かもしれませんが、100円ショップのドリルや問題集は正直、面白くありません。コスト的に仕方がない部分なのだろうと思いますが、ドリルを開くと問題がただただ並んでいるだけ。面白いイラストや解説なども載っていませんし、私としてはちっとも楽しめません。

そして、教えてくれる母にも、あまり納得がいっていませんでした。

母への不満をわかりやすく言えば、教材の中身に対する関心のなさ。「なんでもいいから適当に買ってやらせよう」というような考えに、子どもながらに勉強のやる気をなくしてしまったのです。

大人になった今考えれば、母も働いていただけでなくちょうど妹も生まれたばかりで、私だけに時間や労力、お金を割く余裕がなかったことはよく理解できます。

ただ、「人に教える」という行為は、問題集をやらせたり教科書を解説するだけでは不十分だとも思うのです。私自身が教える側として、藝大、音大の受験生や子どもたちに関わるようになったことで、よりそれを考えるようになりました。

もし何かを人に教えるのであれば、最低条件として、教える内容についての知識や経験を自分の言葉で語ることのできる理解と実感を持ちながら、相手に対して愛情と忍耐を持って接することができるだけの総合的な人間力は必要だと思うのです。

ただ、それを親や家族に求めることはなかなか難しい。ホームスクーリングに限ったことではありませんが、親が先生、子どもが生徒となって教えるスタイルは、何を教えるにしても家族であるがゆえに、お互い感情が入ってしまって上手くいかないケースも少なくないと思います。

ネット時代に丸暗記は必要ない

私の場合も、7歳で、掛け算の〝九九〟が発端で母とケンカして、師弟関係が決裂しました。

「なんで〝九九〟って暗記しないといけないの？」

そう尋ねた私に対して、母から納得できる答えが返ってきませんでした。納得できないことは、進んでやれません。私は母にこう反論しました。

「掛け算なんて覚えなくても、足し算だけでもできると思うけどね」

例えば7×7の答えは49。九九を覚えておけば、たしかにすぐに答えが出ますが、足し算と引き算しか知らない私が編み出した計算式は、こうです。

7が2つで7＋7＝14。これが3つで14＋14＋14＝42。これで7が6つ分ということだから、そこにもうひとつ7を足して答えは49。

まどろっこしいですが、私がその時持っていた知識だけでも解ける。しかも計算を速くすれば、そんなにスピードでも劣らずに答えが出せる。そうなると、

「〝九九〟はやらなくていい」

それを聞いた母は「この子の考え方は私の想像を超えているから、もう教えられない」と、完全に匙を投げたそうです。

「いつかタイミングがくる時まで放っておこう」

それ以来、私は勉強についても完全に両親からは放っておかれるようになりました。

私も徹底的に母から教わることをやめました。

パソコンを使って、ネットで勉強のサイトを探して、ポチポチポチ……と自分で〝百マス計算〟をやったり。そうこうするうちに、こんな考えにたどり着きました。

「十分なデータも入力されていて、計算も速く正確にやってくれるデバイスがある以上、すべての知識を丸暗記する必要はどこにあるんだろう？」

この頃から、簡単なものはもちろん自分で処理すればいいけれど、自分の知識や処理範囲を超えるものはデバイスに任せる手もある、という考えを持つようになりました。

ですから私は、今でも〝九九〟を覚えていません。でも、それでも何とかなっていきます。少なくとも日常生活を送る上では、まったく問題ありません。

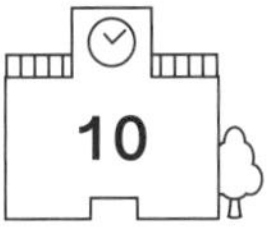

漢字は「ハリー・ポッター」で読めるようになる

〝九九〟以外に、私が〝完璧には覚えていない〟ものというと、「漢字」があります。私は、基本的にほとんどすべての漢字を「本を読んで」覚えました。

当時の私はファンタジー的な物語の世界が好きでした。ゲームの『ファイナルファンタジー』シリーズが好きだったこともあって、〝剣と魔法の世界〟にすごく親しみや憧れがあったんです。

そうした物語の本はたくさん読みました。韓国の作家、ジョン・ミンヒのファンタジー小説『ルーンの子供たち』は、オンラインゲームの原作にもなった作品です。重工でダークな世界観の中で、なんとか生きようともがきながら歩んでいく主人公たちが何とも魅力的でした。

そうした中でも、特に私がハマった1冊を選ぶとすれば、やはりJ・K・ローリングの『ハリー・ポッター』シリーズ。説明するまでもない世界的な超ベストセラーです。ちょうど映画版が話題になり始めていたこともあって、初めて読んだ瞬間に夢中になり、これまで何度繰り返し読んだかわかりません。

『ハリー・ポッター』には、7歳の私では読めない漢字もたくさん出てくるのですが、ストーリーがとにかく面白いので多少わからない文字があっても、ぐんぐん引き込まれていく。そうやって物語に夢中になると、「わからない」よりも「読みたい」欲求が勝ちます。何度も読み込むうちに、読めなかった漢字の意味も文脈で大体わかるようになってくるので、そこからネットで正確な読み方や言葉の意味まで調べたらもうOK。きちんと頭に入ります。

書けなくても生活はしていける

ただ、授業を受けていないので、例えば読書感想文を書いたり、漢字ドリルや書き取り練習といった「書く」ほうはあまりしていませんでした。ですから、読むほうはどんな漢字でもほぼ完璧に読めますが、書くほうは、4年生くらいに習う漢字ならさすがにスラッと書けますが、5、6年生、そして中学生で習う漢字になると、〝怪しい〟ものがいまだに結構あるんです。

例えば「災難」。「災」は書けるけれど、「難」が時折ちょっと怪しい。「闘う」も、門構えの内側は頭がボーッとしている時は思い出せないこともあります。

藝大、そして通っている大学院では手書きで漢字を書くという機会はほとんどありません。入試のための勉強漬けだった浪人時代はいざ知らず、それから7年以上のブランクがあるので〝抜け〟が多いのです。

漢字を正しく書けるということには、もちろん利点があると思いますし、日本の文化の中では「きれいな字を書く」――書道やペン習字の伝統や美学というものも、あると思います。そうしたものの芸術的、文化的価値も素晴らしいものだと思っていますし、日本の書く文化は継承されていくべきものです。

ただそれでも、情報を処理するという観点だけで見れば、すべての人に絶対にそれが必要だというわけではありません。現代社会においては、やはりデバイスの存在が良くも悪くも強過ぎるからです。

パソコンやスマホを使っていれば、私でなくとも文字を書く機会はそうそう多くありませんし、自分では書けない漢字も、打ち込みさえすればソフトやアプリが正しく変換してくれますから、日常的に支障がないことは、誰もが知っています。

こうしたことは何も計算や漢字に限ったことではなくて、やり方次第でどんな情報でも常に持ち合わせることができるという、現代の最大の特徴だと思います。

〝情報の海〟インターネットを「上手に泳ぐ」

今の社会では、こんなふうに計算も漢字の学習も、何かを調べたり確認したりすることも、コミュニケーションでさえも、デバイスからネットにアクセスすることで行うことができます。

これは私のように学校に行っていない子どもにとって大きな利点です。もし環境が整っていなくても、1人でも、学習できる。ホームスクーリングできます。

私自身が意識してインターネットの世界に触れ出したのは、7歳くらいからです。当時としては、これはかなり早いほうでした。もうその前から、5歳の頃には自宅には〝ウィンドウズ98〟が入ったパソコンがあって、数年後には、それが〝XP〟に切り替わっていましたから、両親もパソコンやネットというものにわりと理解があったのでしょう。

マウスをカチカチッとクリックするだけで、あらゆる知識に触れたり世界中の人と繋がることができますし、ネットの世界にいったん入ってしまえば、そこには小学校も中学校もありません。年齢も、さらに言えば性別もそれほど関係ない〝情報の海〟が広がっています。

私自身、「学ぼう」と思えば、どんなことも学ぶことができました。

「学びたい」「知りたい」という意欲があれば、新しい知識や学びを手に入れるために誰でも一生懸命に勉強します。その中で、読解やリサーチに必要な言語能力については、ネットを上手く利用すればかなり早い段階である程度のところまでは持っていけると思います。

パソコン操作に必要なタイピングも自分で練習しました。やったことがある人も多いと思いますが、ゲームをしながらタイピングを習得できるサイトやアプリがたくさんあります。誰かに教わらなくとも、ゲームを進めるうちに、あるいは調べ物をするうちに、いつの間にかブラインドタッチもできるようになりました。

年齢が上がっていくにつれて、絵を描いたりする時間よりも、インターネットをしている時間のほうが長くなっていきました。

そちらのほうが面白かったからです。

今振り返っても、2000年代のネットの世界は混沌としていました。個人WEBサイト文化が盛んになっていった頃で、自作の小説やイラストを公開している人はごまんといましたし、ネット掲示板〝2ちゃんねる（現5ちゃんねる）〟で、〝のまネコ〟などのアスキーアートが流行ったり、恋愛小説『電車男』が話題になって映画化されたりもしていた時代です。ネット自体や、そこから生まれてくるネット文化に強い偏見があって、今よりもずっとアンダーグラウンドなものだ、という認識や自覚がありましたが、ただ、それでも私にとっては、「知らないことを見つけられる」場所でした。

暗記したことが正しいとは限らない

ネット空間が普及したことで、誰でも、いつでも、簡単に莫大な情報にアクセスすることができる。一方で、そのアーカイブの量と比べれば、人間が覚えていられる知識には限界があるでしょう。

そもそも、私は〝教養絶対主義〟とでもいうような、知識がないということだけでその人を軽蔑してしまうような風潮が嫌いです。

歴史の年号を暗記して、周りが言うところの表面的な教養や知識を身に着けてみたところで、それが必ず正しいかと言われればそんなことはありません。20年前まで、きっと日本中の学生誰もが覚えていたであろう〝1192つくろう鎌倉幕府〟が、現在では、「鎌倉幕府が成立したのは1185年」が一般的になっていますし、アメリカ大陸を発見した冒険家・コロンブスも少し前までは英雄視されていましたが、現代ではその評価は一変しています。

そうしたことは常に起きるのですから、教養も常識でさえも長い時間の中で変わる可能性があるものです。親から、教師から教えてもらったことだから絶対に間違いなく未来永劫正しい、ということはあり得ません。

間違っているかもしれない知識なのに、ただ「知っている」か「知らない」かだけで、その人の能力や人格までは決めつけてしまうような風潮や価値観自体、間違いだと思っています。

12

不登校は学校に行かないだけで「たいてい、普通の子ども」

こうして書くと、結局は私がひとり家に閉じこもって、ゲームやネットばかりやっている子どもだったと思われるかもしれません。

たしかに一時期はゲームやネットばかりやってはいたのですが、閉じこもっていたわけではありません。オンラインで誰かと、他人とコミュニケーションをとることはできましたし、決して人嫌いというわけでもなかった。

不登校と聞いて、「他人とのコミュニケーションが難しい子ども」と思う人は多いのではないでしょうか。でも当事者だった私からすると、それは違います。

「不登校＝コミュニケーションが取れない」というのは、社会全体が持っている〝認知のバイアス〟です。たしかに不登校の中には、そういう人もいるかもしれませんが、でもそういう人は普通に学校に通っている子どもの中にもいますよね？　不登校だからといって、人と目も合わせられずに会話もできないというのは、いわゆる作られてしまった「引きこもり像」のイメージが強すぎるだけで、大多数は普通の人です。学校には行っていないというだけで。

私自身も、子どもの頃から基本的には誰とでも何の問題もなくコミュニケーションがとれるし、むしろ人と話すのは好きでしたから。

ただ、自分で言うのもなんですが、あまりコミュニケーションは上手くはなかったかもしれません。

幼かった時は特に、感情的になり過ぎる場面が多かったと思います。自分の頭で考えていることをきちんと表現するための言語化能力が高くなかったので、気持ちに言葉が追いつかずに〝ワーッ〟とあふれ出してしまう、という感覚です。実際に、「言い表せない」という辛さから、癇癪を起してしまうことがたびたびありました。表現するということについては、年齢なりの成長だったと思うのですが、一方で思考することは通常よりも少しだけ早かったのだと思います。

またそうした発達のせいか言葉へのこだわりも強く、家族や周りの子どもと会話する中で、ストレスを感じてイライラすることがたくさんありました。

例えば、家の中で妹や両親と話していて、私がちょっと難しい単語や表現を使うとします。すると「え、何?」「どういうこと?」と、一度でなかなか理解してくれないことが多々ありました。頭の中の言葉をわかりやすい言葉に変換して会話をする必要があって、相手にスッと通じない、壁があることにいつもイラ立ちを感じていました。

同世代の子どもへのイラ立ち

同世代の子どもに対しても、同じような感覚がありました。

小学校に行かなくなったからといって、近所にいる同世代の子どもたちと一切コミュニケーションやコンタクトがなかったか、というと意外とそうでもありません。習い事などで接する機会はそれなりにありました。

でも、そのたびに私は「ちょっと嫌だな」という不快感というのか、傲慢かもしれませんが、どこか怒りのようなものを感じていました。

「なんで、こんなにも小学生というのは知的水準が低いんだ！」

自分も同じような年齢なのですが、彼らを見て本気でそう思っていたのです。

人の話を理解できなかったり、好き勝手に走り回ったり騒いだり……。自分を律している様子があまり感じられませんでした。それが自宅の中であったり、家族の間でならまだしも、他人がいる〝社会〟の中ということをまったく考えてもいない。

例えばそれが、幼稚園児や保育園児ならば、私としても理解できます。遊び回ってはしゃぐことが大事な仕事ですから。でも、小学生、特に高学年になっても、まだそのままというのはどうしても許せません。

「何なんだ、この人たちは！」

当時の私は、こうした感情を抱いていました。怒りというよりも呆れていた、その中にいることが息苦しかった、というほうが正しいかもしれません。

今振り返るとそれは、実際に子どもたちに対して、というよりも、大人たちが判で押したような「子どもらしさ」だけをもてはやす空気――子どもという存在への過度な「子ども扱い」にあふれているような空気そのものが嫌だったのかもしれません。大人が想像しうる〝子ども像〟に押し込めてしまおうとする画一的な価値観、とでも言うのでしょうか。

子ども扱いする大人

私だけでなく、子どもの発達にはそれぞれ違いがあります。周りよりも早く進んでいる子もいれば、ゆっくりな子もいます。でもそれに対して、大人は同じような「子ども扱い」をしがちです。

その結果、子どもは敏感ゆえに身近な大人である親や先生に「好かれたい」と、子ども像に自分を当てはめていこうとします。すると〝子ども化〟した子どもが育つことになってしまうのではないでしょうか。

そう考えてみると、当時の自分がなぜあんなにもいつも何かに怒っていたのか、わかる気がします。

ほかの子どもと接する中で、「なんでみんな、こんなしょうもないことをやっているんだ」という怒り。

でも大人からは、そんな子どもと同じように「子ども扱い」されることへの怒り。

それをうまく伝えられないことでいつもイライラしていた私は、周りからも「なんで拓海君は、そんなに怒るんだろう」と思われていたでしょう。

今だからこそ冷静に分析できますが、当時はこうした違和感を言語化できず、周囲と折り合いをつけられなかった。

その溜まっていく怒りのようなものが、やがて、私の原動力になっていくのです。

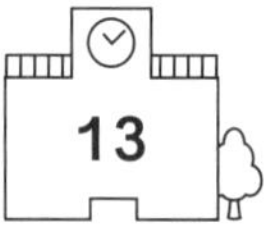

誰かと話したくなったら「自分から勝手に穴を出る」

小学校に行かず、ずっとひとりでゲームをやっていましたが、11、12歳頃になるとパソコンで〝オンラインゲーム〟をやるようになりました。

ネットを介して他のユーザーと繋がって行うゲームで〝ネトゲ〟なんて呼ばれ方もします。サーバーにアクセスできる環境さえあれば、世界中の多数のユーザーと一緒にゲームを進めたり、対戦することができます。2000年代はオンラインゲームというものが広まり始めた時期。誰もが遊んでいるのではなく、ある程度パソコンやネットに関心と知識がある人がプレイしていたと思います。

私もその存在を知ってから、多くのタイトルをプレイするようになったのですが、これが、かなり面白かった。それまで私がやり込んでいた家庭用ゲーム機のRPGとは違い、「敵を倒してクリアする」というゲームの目的や考え方が大きく変わって、オンラインゲームには明確なゴールがないのです。そもそもクリアという概念はあまりなく、ユーザーたちはゲームの中で自分の好きなように過ごすことができました。ひたすらレアなアイテムを集め続けてもいいいし、仲間と協力して難しいダンジョンの攻略をしてもいい。ただゲームにログインして景色を眺めているだけでもいい。プレイヤーの自由度がすごく高いのです。

中でも一番の特徴は、ゲームの中でユーザー同士が様々なコミュニティを実際に作れるということ。ゲーム内のチャット機能でコミュニケーションをとれることはもちろん、仲良くなるとビデオ通話アプリ、Ｓｋｙｐｅ（スカイプ）のＩＤを交換して、通話しながら一緒にゲームを進めたり、時にはゲームそっちのけで会話だけ楽しんだり……。大学生や社会人のお兄ちゃんたちに混ざって、すごく楽しかったことを覚えています。

誰かと話したいという欲求

この頃です。私の心境に少し変化が出てきたのは。オンラインゲームを始めたのは、単にゲームをしたい、何かコミュニティに属したいというよりも、「誰かと話したい」という感情や欲求が私の中に芽生えていたからです。

人とあまり話さない生活に、だんだん寂しさを感じるようになってきたのです。

時を同じくして、私はリアルの世界でも〝フリースペース〟に通うようになります。フリースペースは文字通り〝開かれた自由な場所〟という意味で、不登校をはじめ様々な背景を抱える人たち（だけではないですが）が集まるコミュニティスペースや団体のことです。みんなで集まって、話をしたりゲームをしたり遊んだりする、例えるなら学童のような場所です。

週に1回、電車に乗って40分ほどかけてこのフリースペースに通うことになりました。そこは、実際に不登校を経験した子を持つ方が運営しているところで、子どもたちが安心して集まって十分に休むための、また親同士が話し合ったり相談するための場所でした。私に「こういう所があるよ」と教えてくれたのは、ホームスクーリングをしていた友達です。

天邪鬼な私ですから、しばらくは「行くのは嫌だ」とゴネていたのですが、やはり、どうしても「人と話したかった」のでしょう。ついにひとりに耐えかねて、

「……やっぱり、ちょっと行ってみたいかも」

フリースペースには、同世代だけでなく年上も年下もいました。これまでも絵画など習い事で他の子どもと一緒になることは何度もありましたが、10人近くの〝生身の集団〟の中に入る経験はほとんどありません。みんなが遊んでいる中に私も入っていくのですが、やはり緊張やとまどいがありました。

その初日、みんながやっていたゲーム〝スマブラ〟に混ぜてもらいたくて、近くに

いた子に「このコントローラー使ってもいい？」と丁寧に尋ねてみたのですが、「使いたきゃ使えばいいじゃん」

そう素っ気ない感じで言われて、少しだけ傷ついた記憶があります。でも、新しく来た新参者に対しても、良い意味で、そんなふうにフラットな場所だったと思います。通っているのは全員、不登校の子どもたちばかり。最初から一度も学校に行ってない私のようなホームスクーラーは、ほとんどいませんでしたが、あの場所で、みんなと遊んだり、悩みを話し合ったり、時にはケンカもしましたが、私にとっては同世代とぶつかり合える大切な時間でした。

今でもたまに、当時このフリースペースで一緒だったメンバーと、食事に行ったりもしています。全員、20代半ばから30代に入ったくらい。税理士になった人もいれば、水族館で働いている人もいたり。それぞれみんな仕事はバラバラですが、みんな、社会に出てちゃんと自分の道を歩いています。

必要なのは自ら考えて「取捨選択する力」

フリースペースをはじめ習い事にも通っていましたが、それでも私は中学校には行きませんでした。ただ母からは念のため確認がありました。

「中学校、どうする？」

「うーん……行かないかな」

これくらいの短いやり取りで、「中学校にも行かない」ことが決まりましたが、ただ中学校では、「入学手続きはする」ということにもなりました。

ところがここで大変な問題が発覚します。小学校入学時、小学校側と揉めて私の学籍が抜かれてしまったせいで、私は義務教育の世界で本当に〝存在しない子ども〟になっていたのです。どこそこの小学校に在籍していたという記録や卒業証明書も一切ありません。手続きを進めていた母が私の学籍が無いことに気づいて、「どういう扱いになっているんですか？」と教育委員会に問い合わせたところ、

「少なくとも公立の小学校に在籍していた記録はないですね……」

「でも、私立に編入している記録もありません」

学籍の所在については結局、あいまいな答えしか返ってきませんでした。

ただ、中学校入学についての最終的な判断は「学校の対応に委ねる」とのこと。そ

こで、両親が中学校側に事情を説明すると、「不登校であっても、もちろん入学してください」と認めてもらえて、この時初めて私の学籍が作られることになりました。

　ホームスクーリングをしているので、ほかの生徒たちが混乱しないように表立ったところには名前は出さず、学籍だけあるという形での在学です。小学校と同じく、1日も通いませんでしたが、クラス担任の先生から時々、「元気にしていますか？」と連絡がくるようになりました。

「はい、元気にしています」

　そんなやりとりを何回かしましたが、中学校の敷地に足を踏み入れたのは卒業式の日のただ一度きり。それも普通に卒業式に出席したわけではなく、式が終わった後、特別に校長室で〝2回目の卒業式〟を行ってもらいました。校長先生に会って話をするのはその時が初めてでしたが、この頃、頭の隅でぼんやりと考え始めていた「作曲家になりたい」という夢を伝えると、「もうペンネームはあるの？」とニコニコ話しかけてくれたことが、少し嬉しかった。

　人生で初めての卒業証書を手にした日、それは誰かに初めて、ちゃんと自分から作曲家になるという夢を話した日でした。

面白いから学べる

中学校では、小学校の時にはもらえなかった教科書ももらえましたが、ペラペラと少しめくってみただけで、読み込むことはありませんでした。

理由はいたってシンプルで、自分には向いていないことがわかったから。無味乾燥な教科書は硬いパンのようで、100円ショップのドリルがそうであったように、あまり面白さを感じることができないものでした。「面白い」と思えないものは、なかなか能動的には学べません。それならば自分で興味を持てる題材を見つけ出して学んだほうがいい。

教科書だけでなく、授業も同じ側面があると思います。

先生の説明を、全部一字一句聞き漏らさないように、書き漏らさないようにすることが正しい授業の受け方でしょうか？　授業を受ける時間の中で、いかに自分にとって必要なところを抜き取れるか――興味や面白さを発見できるかが大事なのであって。極論を言えば、その授業に面白さを見出せなかったら、その時間、自分の興味のあること、必要のあることを自習するという選択肢もあります。

そもそも面白い授業をする能力と研究能力というのは、まったくの別物ですし、学校の先生も〝面白い授業をするように〟教育を受けてきたわけではありません。大学の教員も本分は専門分野の研究ですから、面白い講義ができるとは限らないし、そもそもできなくてもいい。

ただ、本来は面白さとは学びと密接に関係していなければいけないはずです。その教科書や授業がその子どもにとって本当に面白いものであれば、誰でも能動的に学ぼうと思いますし、成績だって自然とついてくるものでしょう。

その点、私は幸運にも面白い指導をしてくれる先生と巡り合うことができました。

中学時代、知り合いからの紹介で、近所にあった小さな個人経営の塾に通い始めたのです。決して進学塾のようなものではなくて、ベテランのおばあちゃん先生が、何十年もの間1人でやっているこぢんまりとした教室でした。

教室では基本は自習スタイル。学ぶ教科もかっちりと決まっているのではなくて、

「今日は英語と数学ね」

「来週は理科と社会をやりましょう」

という、のんびりした雰囲気です。集まった生徒たちは黙々と問題を解いていくの

ですが、時々つまずくところで先生に質問をしに行きます。数学なら連立方程式、英語なら過去形を……と個別に教わっていくのですが、話し込んでいるうちに、どんどん話が脱線してしまうこともたびたびでした。日常のことから政治のことまで盛り上がって、ひとしきり先生と話した後、また自習に戻っていく——そんなスタイルの塾でした。

私自身は、その中で特段できが良かったわけではありませんが、環境に支えられて、だんだんと中学校で習う各教科の単元の基礎は身についていきました。

2章

高校から大学までに「考えていたこと」「やってみたこと」

15

毎日に飽きたら「次のステップに進むサイン」

毎日、好きなだけゲームやりネット上でチャットをして、たまに絵を描いて、気が向いたら外に遊びに行って体を動かし、帰りに駄菓子屋に寄って、帰って来たらまたゲーム……「毎日が日曜日」どころか「毎日が夏休み」のような日々を小・中学校の9年間、保育園の期間も含めれば10年以上続けてきました。

ところが、中学の3年間も終わりにさしかかる頃、私の中で変化が起き始めてきました。

そんな夢のような生活が、楽しくなくなってきたのです。以前は夢中になって没頭していたオンラインゲームをやっても、どうも以前ほど面白くありません。フリースペースへ行っても、結局みんなで遊ぶだけなので、それも楽しくありません。

絵を描いても、外へ遊びに行ってもつまらない。

「何しても、全然面白くないなぁ……」

もしかしたら、もっと早くに心の中では薄々気づいていたのかもしれません。

「そろそろ、1人でいるのは限界なのかもしれない」

ゲームで新しいアイテムを探すよりも、もっと生産的で有意義なことをしたい。

もっと人とコミュニケーションをとってみたい。

もっと面白いことを探して、そこに思い切り自分の身を投じてみたい。

「自分の人生、いよいよ次のステップに進む時が来たんだな」

そう確信しました。

まさかの高校進学希望

折しも、ちょうど次の進路について考える時期でもありました。このままホームスクーリングを続けて、高卒認定を取るという選択肢もありましたが、私は10年以上続けたこの環境に、すっかり飽きてしまっていました。

「よし、高校に行ってみよう！」

「普通の学校生活というものを体験してみよう。高校で色々やってみたら、これまで知らなかった面白いことがあるかもしれない」

スッと心が決まりました。不思議と怖さもありません。高校へ通う自分を想像するとワクワクする感覚がありました。

母に「高校行くことにするよ」と伝えると、私の想像以上に驚かれてしまいました。

「えっ⁉　今さら⁉」

小学校も中学校も頑なに行こうとしなかった息子が、急に「学校へ行く」と言い出したのですから、母にとっては、やはり大事件だったのでしょう。

私にとっても、人生の最初のターニングポイントでした。

私は、自らの意思と考えがあって「一日も通学しない」――不登校というスタイルを選びました。

過ごした時間と、私がその間にやってきたことを今振り返ってみても、「間違ってはいなかった」と心から思えます。私にとっては間違いなく必要な時間であり、成長の過程でした。

ただ一方で、少し複雑な後悔にも似た気持ちがあったのも事実です。

「人生には、そんな方法以外にもたくさんチャンスがあったのかもしれないな」

実は、小学校入学時にはインターナショナルスクールに行くという選択肢も、両親は考えてくれていました。でも私はなぜか英語に対する嫌悪感があって、その提案をはねつけてしまいました。インターナショナルスクールではなくて、普通に学校に行ってみたら、もしかしたらそれはそれで案外楽しく過ごせたかもしれません。

学校だけではありません。ありとあらゆるものに対して、子どもの頃の私は〝食わず嫌い〟が多過ぎた部分がありました。

後悔しながら通り過ぎたことも、実はたくさんあったのです。

インターナショナルスクールでもなんでも、自分が何も考えずにとにかく突っ込んで行ってみることができていたら、数年後、数十年後の自分の可能性をもっと大きく広げてくれていたかもしれません。

「その可能性を自分から突っぱねてきてしまったな」

人生に〝たられば〟はありませんが、また別の、自分で想像もしなかったチャンスの扉が開いていたのかもしれません。

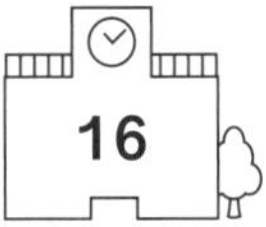

偉そうに言っているけれど「自分はまだ何ひとつ成し遂げていない」

高校に行こうと決めた理由は、もうひとつありました。

15歳になった当時、心にある葛藤を抱えていたんです。

「自分はまだ、何か目に見える形で〝やり遂げた〟ものをひとつも持っていない」

私は幼い頃から、自分に自信のようなものを持っていました。

「どんなことだって、その気になってやろうと思ったら、どんなこともできる」

ずっと心の中でそう思って生きていました。

「人間ができることなんて、所詮はたかが知れている」

「だからほかの人ができることなら、自分にもできて当たり前でしょ」

きっと子どもの頃は、私だけではなく誰しもが自分のことを「特別な存在だ」と思っているはずです。それが成長するにつれて、小学校や中学校に通って勉強したり、あるいは部活動などのコミュニティに属していく中で、評価されたり比較されたりするうちに、いつのまにか削られたり潰されたりして失われていってしまいます。自分の能力や現実を受け入れることは、一種の通過儀礼とも言えますが、別の角度から考えれば、それによって自分の可能性や自信が潰されていってしまうとも言えます。

私の場合は、学校に通わなかったことで潰されませんでした。これは私にとって幸運なことでしたが、言ってみればプライドが高いままずっと育ってきたのです。

プライドが高いまま育つというのはもちろん色々な問題や弊害も生みますが、ただそれは時に、ものすごい力を発揮する原動力にもなるのでは、と思います。

そんな中で15歳になった私は、自分を客観的に認識する力がついてきて、ふと「現実的に自分はまだ何もやってないよな」と気づいてしまったのです。

「自分を大きく見せるようなことはよく言うけれど、それを説得させるだけのものを自分はひとつも持っていないんじゃないか……」

親戚の集まり顔を出すと、「拓海君は大丈夫なの?」と呆れられたり心配されるようになっていました。

一番の大学へ行こう

「だったら、これは本当にやってやるしかないんだろうな」

そこからすぐに、目指せる場所、一番最初に思いついたのは大学でした。

「大学に行こう。それも、行くのであれば日本で一番の大学に行く必要がある」

プライドが高いので、「絶対にトップを取る」と決心しました。それまで、強がっではいましたが、世間的に見れば、小学校にも中学校にも通っていない私は、まさに負け組の代表。親戚にも大卒が少なかったこともあって、周囲から差し向けられる偏見――〝蛙の子は蛙〟とでも言うような視線と言葉を、口だけの自己弁護ではない〝本当の実績〟でぶち破る必要がありました。そのためには、ここからトランプの〝大富豪〟のように一気に〝革命〟を起こさなければいけません。

人生をここから大逆転させて、人を、そして自分自身を納得させるためには〝タイトル〟が必要です。日本で一番高い山は富士山だと日本中の誰もが知っていますが、〝二番目に高い山〟はほとんどの人は知りません。

「二番じゃ足りない。やっぱり一番を目指すしかない」

〝一番の大学〟というと、すぐに頭に浮かんだのは2校。

東京大学、そして東京藝術大学でした。

東大と藝大以外の大学が嫌いだ、というわけではありません。今でこそ、大学は名前ではなく、師事したい先生がいるかどうか、そして勉強や研究に存分に打ち込める環境かどうかが重要だということはわかります。ただ、その時の私は、どうしても一番に挑戦したいという野望に突き動かされていたのです。

17

正しく諦めず
ノックし続ければ
「最後は必ず勝てる」

皆さん、きっとこう思ったと思います。

「9年間、ただの一日も学校に行ったことがなくて、教科書も開いたことすらないヤツが、ピアノも習ったことがないヤツが中3から急に〝東大か藝大しか行かない〟なんて、あまりにも無謀……夢物語どころか不可能でしょ」

「東大どころか、高校すらまともに通えないんじゃないの？」

そう思われても仕方ないかもしれません。

でも私には、あの根拠のない自信があったのです。

「ほかの人ができることなら、自分にできないわけがない」

「自分はまだ〝正しいやり方〟を知らないだけで、たいていの勉強ならできるはず」

仮に入試の難易度がすごく高くても、ある程度の理解力と正しい指導と方法、そして本人の適切な努力が掛け合わさりさえすれば、たとえ東大だとしても、

「1回でストレートで……とは言わないけれど、数回扉を〝ノック〟すれば十分に到達可能だ」

私の中では「確実にイケる」という確信がありました。途中で諦めてしまわないかどうかのほうが問題で、諦めなかったら「私の勝ちだ」と思いました。

実際、大学生になってから東大生の友達も何人かできたのですが、彼らと知り合ってこの私の考え方は間違っていなかったと感じました。東大に受かった彼らの勉強の仕方は、もちろん個々人によって多少の違いはあるものの、基本的なところはやはり共通性がある。共通性があるものであれば、誰にでも再現できるということです。

アベレージで考えて、十分に、東大合格者と同じ方法をやれば私にも再現可能なはずです。

作曲家になろう

この再現性は勉強だけではありません。

「作曲も、ピアノも、藝大合格のために必要な勉強を、合格者と同じ方法で正しくやっていけば再現できるはず……！」

15歳になって大学に行くと決めた時に、東大と同じく真っ先に頭に浮かんだのは、藝大でした。

東大と藝大。このふたつの大学で悩み始めることになります。

「東大を受けてもいい。でも自分が本当に将来やりたいことはなんだろう」

というのも、大学受験の動機は〝革命〟を起こすためだったので、具体的にやりたいことまでは考えていなかったのです。そして、そのままだと動機としては弱過ぎると感じていました。

そこから、自分の興味のあることについて考え続ける日々が始まりました。でも、すぐにパッと答えは出ません。数か月の間ぐるぐると悩み続ける中、ある日、ふとした時に、坂本龍一さんの『Merry Christmas Mr. Lawrence』を耳にしたのです。

もちろん、それまでにもこの曲は何回か聴いたことはありましたが、切ない雰囲気の美しい曲だなと思う以外、特に感想を抱いたことはありませんでした。

でも、この時の自分には、それがまったく違うように感じられました。

聴いている少しの間だけは不安を忘れられるような、〝居場所〟にいるような感覚になったのです。

「こんな風に音楽が作れるなら、自分もやってみたい」

「それなら、徹底的に勉強するために藝大に行こう」

初めて、自分の「好き」を深く認識した瞬間でした。

先にも書きましたが、私はこの時点でまだ、きちんと音楽を学んだことはありませんでした。ヴァイオリンやギターなど、あくまでも趣味、遊びや興味の対象としては習ったり触った経験はありましたが、入試対策をはじめ、〝本気〟で学習したことはありません。

藝大音楽学部の入試では、ほとんどの専攻でピアノの演奏が必須課題になっています。私が目指そうと考えた作曲科も例外ではないどころか、むしろほかの専攻よりも高い水準を求められます。ピアノは、一度も習ったことすらもありません。もちろんそれは序の口で、ほかにも様々な課題で音楽的な素養やポテンシャルを試されることになります。

まったくすべてゼロからのスタート。それでも私は、最終的に藝大へ行こうと決めました。

「作曲家になろう」

曲なんて、もちろん作ったことはありません。作曲家に向いているかもわかりませんでしたが、「やれる」「やりたい」と信じていました。

「高校行くよ」にも驚いていた両親は、「音楽をやりたい」「藝大に行く」「作曲家になりたい」と急に言い出したことにも、とても驚いていました。

「〝音楽〟なんて今まで一度も言ったことがないし、教えてもいない」

「音楽よりも絵やゲームのほうがずっと好きだったのに、どうしちゃったんだろう？」

私が、理屈っぽくてプライドが高い性格であることを知っていた母は、当時、そう心配したほどだそうです。

18

『ファイナルファンタジー』に見た「プロフェッショナル」

それまでの私が、音楽を体系的に学んできてはいなかったことは確かですが、興味を持っていなかったわけではありません。

音楽への興味の出発点は、「ゲーム」でした。

小学校に行かないひとりの日々の中で、毎日何時間も没頭していたゲーム。その映像の背後に流れている音楽――BGMが好きでした。

中でも、私が一番魅かれたのが、『ファイナルファンタジーⅥ』。

作品の〝顔〟としても有名なプレリュードはもちろん、ゲーム後半で飛行船に乗った際に流れる『仲間を求めて』という曲が私は大好きで、この曲を聴くためだけにゲームを立ち上げて、テレビを付けっぱなしにして聴いているということもしばしばでした。シナリオの展開に寄り添って作曲されたこの楽曲は、FFシリーズの中でも屈指の名曲として知られています。

私のようなゲーム音楽ファンからすると、作曲者の植松伸夫さんは神様のような存在。『ドラゴンクエスト』シリーズを作曲した、すぎやまこういちさんと合わせてゲーム音楽の二大巨頭です。

音楽を能動的に味わえるゲームの世界

さらに言えば、自分が、その世界に没入して音楽を楽しめる、というのでしょうか。ドラマや映画は、見る側がそれを受けて楽しむコンテンツです。もちろん、ドラマのストーリーや世界に入り込む楽しさもありますが、あくまでも視聴するという部分は受動的です。

対してゲームは、自らがプレイして世界の中で自由に考え行動し、最終的には世界そのものをコントロールしていきます。そこに音楽が加わることで、よりリアリティ……没入感が増していくという仕組みになっています。

音楽がただ聴くだけのものではなく、自らが作り出している世界を彩る〝リアル〟になるのです。ゲームをプレイすることによって音楽が自分と一体化していくという感覚は、まさに能動的であり〝体験的〟です。

ゲームに詰め込まれた物語の力と、そして音楽の力の相乗効果による体験。私はそれに感動し夢中になっていたんです。

植松さんの音楽の凄さは、そうした魅力的な音楽が、魅力的なだけでなく常に的確であるということ。その書き分ける力とエネルギーに、職業として作曲をしている音楽家の、〝本物のプロ〟の仕事を感じるのです。作曲科学生の気ままな創作のような、「自分のスタイルで好き勝手に作曲してください」という曲作りとはまったく違う世界です。クライアントからの依頼に完璧に応えなければいけない、というのは簡単にできることではありません。

私が音楽の道、作曲の道へ進みたいと思った大きな理由のひとつは、このゲーム音楽であったことは間違いありません。

19

すべての道は「YMO」「坂本龍一」に通ず

植松さんの楽曲だけでなく、植松さん自身――〝人〟にも興味がわきました。彼がどんな音楽から影響を受けているのか、音楽性のルーツを知りたくなったのです。ネットで検索して調べてみると、植松さんは〝プログレ〟プログレッシブ・ロックの影響を受けているとありました。プログレとは、1960年代にイギリスを中心に登場したジャンルで〝革新的〟〝前衛的〟〝実験的〟なロックのことです。変拍子や複雑なフレーズなどを多用するような楽曲も多く、演奏には高い技術が要求されます。

中でも特に魅力的なのは、シンセサイザー（キーボード）の存在です。

シンセサイザーは現在の多くの音楽シーンでは欠かすことのできない、音を電子的に合成、作成できる楽器（装置）ですが、プログレは、このシンセサイザーをはじめとするテクノロジーを積極的に楽曲制作や演奏に取り入れたジャンルでした。そこから、私の興味が、このシンセサイザーが生み出す音楽にも広がって行くのは自然なことでした。

そして、日本の音楽シーンをシンセサイザーという点でさかのぼっていくと、〝YMO〟は避けて通れない存在になってくるのです。

YMO――イエロー・マジック・オーケストラは1978年に細野晴臣さん、高橋幸宏さん、そして坂本龍一さんの3人によって結成された音楽グループです。シンセサイザーやサンプラーといった当時の最先端の技術に着目し、革新的な楽曲を次々に発表。わずか5年間の活動期間に、日本のポップミュージックを大きく変えてしまった伝説的存在です。

日本でシンセサイザーを最初に使い始めたのがYMOというわけではないですが、声を使ってロボットボイスのような音を作り出すヴォコーダーを使ったり、工事現場などの環境音をサンプリングし楽曲に組み込んだりと、大胆にテクノロジーを駆使したポップミュージックの先駆け的存在でした。

耳コピできない〝教授〟の音楽

私がYMOと坂本さんに出会ったのは、14歳になったかならないかくらい。もちろんリアルタイムでのYMOは知りませんが、入り口はYMOの代表曲のひとつ『ライディーン』でした。曲名は知らなくとも、誰もがどこかできっと一度は耳にしたことがあるはず。比較的シンプルなメロディを繰り返していく『ライディーン』は、メンバーの高橋さんによる作曲です。

ただ、きっかけは『ライディーン』でしたが、それ以上に私を惹きつけたのは坂本さんの作る曲でした。

坂本さんの曲は、〝ひと筋縄ではいかない〟展開なのです。

普通のJポップというと、Aメロ↓Bメロ↓サビ↓Aメロ↓Bメロ↓サビ……というように構造もわかりやすく、ハーモニーもそれほど難しくないことが多いのですが、坂本さんが作った曲『東風《トンプウ》』を聴いてみると、楽曲の展開やハーモニーが非常に複雑で、ちょっと〝耳コピ〟して弾いてみようと思っても、「この和音……何⁉」という感じになってしまって、すぐにはコピーできないのです。何度も繰り返し聴いて、鍵盤で和音や旋律をコピーしているうちに、細部の作り込みやギミックの多さに少しずつ気づきました。そして、最初には、はっきりと見えなかった景色が見えるようになっていくと……どんどんとその深みにハマっていったのです。

このことは、ほかの多くのミュージシャンが感じたように、私にとっても、とてつもない衝撃でした。

次第にYMOのアルバムを聴き漁るようになり、そんな曲を作曲した坂本さんにも憧れを抱くようになっていきます。

「坂本さんって、どんな人なんだろう……？」

調べてみると、坂本さんは6歳からピアノを習い始め、10歳で藝大作曲科の教授だった松本民之助さんに作曲を師事。高校時代にはクラシックだけでなくジャズやロックも聴いたり自ら演奏するようになった——という道を歩んでいました。

「自分も、坂本さんのような作曲家になりたい！」

高校を卒業した坂本さんが進んだのが、東京藝術大学音楽学部作曲科でした。藝大に行って作曲家になろうと決めた、もうひとつの大きな理由です。

20

高校で初めて知った世界「誰もが何かを抱えている」

とはいえまずは、藝大よりも先に高校に行かねば始まりません。

私が進学したのは、神奈川県立横浜修悠館高等学校という公立の通信制単位制高校です。県内唯一の通信制単独校で、もともとは別の2校の通信課程が分離、統合されて2008年に設立された学校です。週に数回通っていた塾に、この高校に通っている先輩がいて、学校の様子を詳しく教えてくれました。

私が入学した当時、クラスは40ほどもあるマンモス校でしたが、一般的な全日制の高校と異なり大学のような単位制の学校なので、学年という概念はあまりなく、4〜5年かけて卒業する生徒もたくさんいました。基本的に自宅学習をしながら、定期的に学校へ通う〝スクーリング〟で授業を受けます。スクーリングのコースは色々ありますが、週に1回日曜日に授業を受けに行くコースもあれば、平日数回通うコースもあって、生徒個人が自分で選択できるシステムでした。

「なんだか結構良さそうだな……ここなら自分も通えるかも」

私が選択したのは、週1回スクーリングの〝日曜コース〟。中学を卒業して入学してくる生徒はもちろんたくさんいますが、週末に登校するスタイルなので、平日は働いているという生徒が多いコースでした。何等かの事情で現役で高校に通うことができなかったり、ドロップアウトして社会人になってから学び直そうという人たちです。10代や20代だけでなく、40代、50代の生徒もいましたし、〝お母さん〟もいました。学校内にはそうした生徒のために授業中、子どもを預けられる託児スペースもあります。

社会人だけではありません。私と同じく不登校だった生徒、金髪にピアスの〝どう見てもヤンキー〟な生徒もいますが、そんな環境なのでいじめは絶対厳禁。〝誰でも安心して、学べるように〟というモットーが徹底されている場所でした。

学習にも厳しいルールがありました。通信制というと勉強も比較的ゆるいイメージかもしれませんが、単位制で学年もないので留年という概念もない代わりに、ただ通っているだけでは卒業させてもらえません。勉強の中身が難しいわけではないのですが、〝自学自習〟が徹底されていて、週1スクーリングのほか、授業ごとに一定本数のレポート提出が義務付けられていました。また登校時も学生証を忘れたら校内に入れてもらえませんし、もし教科書を忘れたら、絶対に授業を受けさせてくれないのです。授業に出られないと卒業に必要な〝出席日数〟が足りなくなってしまうので、ヤンキーも50代の社会人も、みんな学生証と教科書だけは絶対に忘れません。

私にとって初めての学校であり、初めての〝社会〟でしたが、自分で言うのもなんですが特に不安感も抵抗感もなくスッと人の中に入っていけたと思います。

最初のスクーリングで隣りの席の人に声をかけて、次の登校日には別の人に声をかけて……そうやって少しずつ知り合いや友達を増やしていきました。私以外にそんなことをする人はほとんどいませんでしたが、それだけ人とのコミュニケーションに飢えていたのかもしれません。

不登校なんて大したことない

新しい扉の向こうには、想像以上の世界が広がっていました。

〝想像以上〟というは楽しさや面白さという意味もありますが、それ以上に、世の中を生きている人たちの世界が、という意味です。

仲の良かった友達に、私の少し年上の男の子がいました。おしゃべりで少しお調子者でいつ会っても明るい彼は、全日制の高校に入学したものの上手く通うことができず中退し、ここで1年生からやり直しているという話でした。自分と同じ不登校経験者として、私は彼に尋ねてみました。

「なんで学校に行かなかったの？」

彼は自分でも不思議そうな顔をしながら、

「いや、行けなかったんだよね」

彼自身は普段から、そんなことを微塵も感じさせないくらいに明るいキャラクターなのですが、そう呟いていました。

別の友達は、信じられないくらいに家庭環境が荒れていました。彼は奨学金を借り、アルバイトもしながら通って来ていたのですが、なんと稼いだお金を親が黙って使ってしまっていると言うのです。

「口座から勝手に出して、パチンコに使っちゃうんだよね」

そんな悲しいことを、まるで笑い話でもするかのように話している。

「アルバイトでも非正規でも、中卒だと仕事がない。高卒じゃないと、どこも働かせてもらえないんだよ」

そういう社会人のクラスメイトもいましたし、年間わずか数万円の学費すらも捻出するのが大変だという経済的に苦しい中でなんとか勉強を続けている生徒も1人や2人ではありませんでした。勉強だけでなく、こうした仕事との両立や経済的な理由からドロップアウトしてしまう生徒はとても多く、無事に卒業できるのは全入学者の半数以下です。それだけ、本当にギリギリの厳しい状況の中に身を置いている人たちが、この学校にはたくさんいる。私が知らなかっただけで、日本の社会にたくさんいる。そしてそんな彼らも、学校に来ると、そんなことを少しも感じさせずに、毎日を送っている。

今まで知らなかった、触れたこともなかった社会の、人の現実を垣間見て、私はとても大きな衝撃を受けたのです。

私自身の家庭環境を振り返ってみれば、もちろん自分自身も小学校も中学校も行っていない。父が職を転々としていたりアルコールに依存気味だったりしたこともあって、決して裕福ではありませんし、生活が苦しい時期もあった。ただそれでも、食うに困るようなことはなかったですし、私自身やりたいことをさせてもらえました。

「普通に見える人も明るい人も、人は誰でも、みんな、何かを抱えているんだ」

この気づき、学びが、私の人生にとって大きなターニングポイントになったことは間違いありません。

21

受験すら
乗り越えられない人間は
「作曲家には到底なれない」

友達もでき、人生初の学生生活を無事にスタートさせた私は、部活にも入りました。横浜修悠館高校は通信制ですが、いくつかの部活動があります。運動系、文化系ともに毎年春には部員を募って活動していました。

色々面白そうな部はあったのですが、音楽の授業で先生に勧誘されたこともあり、私は音楽研究部に入部しました。

音楽研究部の部員は当時10数人くらい。活動日も週に2回ということもあり、音楽のコンクールに出場するような部活ではありませんでしたが、合唱を中心としつつも、わりとどんなことでもできるようなゆるい空気感の部活でした。文化祭などの発表の機会では、全員で練習した曲を披露したり、ピアノやギターで弾き語りをする部員もいました。

その部活の時間、私が熱中したのは「合唱」です。

元々、歌を歌うこと自体は好きだったので、不登校時代にもギターでちょっと弾き語りの真似事をしてみたりしていました。ただ、普通の小・中学校には通っていないので、この時初めて、人と声を合わせて歌う経験をしたのです。これが私と合唱の最初の出会いです。そこから、だんだんと、人間の声だからこそ生まれる調和した響きに魅了され、色々な曲を部員のみんなと歌うようになります。高校の文化祭でコンサートをしたり、大変ですがとても楽しくて、一生懸命に取り組んでいました。高校2年生、3年生になる頃には合唱好きが高じて、オリジナルの合唱曲を作曲するようにもなりました。だから、私の作曲家としての出発点は合唱ということになります。

この頃から、「ひょっとしたら合唱は、私のこれからのキャリアになるんじゃないか」と思うようになりました。

合唱曲を書く

この私の予感は、果たしてその通りになりました。先の話になりますが藝大でも「合唱をやろう」と決めて、実際に入学後は声楽家の仲間を集めて合唱曲をたくさん書くようになります。諦めずに書き続けていると不思議な巡り合わせがあって、最近では合唱の世界で大作曲家・指揮者として知られる松下耕さんの主催するコンサートに、私も、いち作曲家として出品させてもらったり、楽譜を出版させてもらう貴重な機会にも恵まれました。そんな、

「曲を書くのって、楽しいな……」

という最初のステップが、この音楽研究部にはあったのです。

その一方で、私はいよいよ本格的に〝藝大に入るための勉強〟をする準備を始めようと決めました。

「もし本当に音楽で、作曲で食っていくとなれば、きっと藝大受験よりもずっと厳しい道になるはずだ」

そうであるならば、受験ごときを突破できない人間が、作曲家としてやっていけるわけがありません。

「〝受験を本当に乗り越えられるのか〟なんて、甘いこと言ってるんじゃねぇぞ!」

私は、そう自分にハッパをかけました。それまでずっと〝毎日が夏休み〟だった自分を、自分自身で一気に追い込んだ瞬間でした。

22

英才教育も絶対音感も「必須ではない」

私は、坂本龍一さんに憧れて「藝大へ行く」と決めましたが、坂本さんのように、6歳からピアノを習って10歳から作曲を学ぶというような音楽教育は受けていません。それどころか、ピアノをきちんと弾いた経験すらなく、いわゆる〝絶対音感〟も持っていません。私のは絶対音感ならぬ、〝だいたい音感〟です。

誤解のないように書いておくと、作曲家ですから〝だいたい〟でも絶対音感に近いレベルの感覚は持っています。でもそれは坂本さんや多くの音楽家のように幼少期から叩き上げ作り上げてきたものではありません。例えるなら、〝英語は不自由なく理解して話すことができるけれど、ネイティブスピーカーではない〟ということと近いでしょうか。

ピアノも藝大の必須受験科目ですから、一生懸命練習しましたし、今ではパラパラと好きな曲を不自由なく弾けるレベルではありますが、これも同じようにネイティブスピーカーのレベルではありません。そもそも作曲科を受験しようという人で「高校からピアノを始めた」というケースもあまりないと思います。作曲科の学生は、全体的にピアノが上手く、坂本さんのようにピアニストとして活動する人も少なくありません。まったく弾けないところから受験勉強を始めた人は、あくまで推測ですが、作曲科の学生全体で4年で1人くらいはいるかな……という程度。少なくとも、私が受験した当時の藝大では自分以外はいなかったと思います。

ただ、「藝大に合格する」という点だけで考えた時、例えばピアノ科ならピアノに関してはネイティブスピーカーではない時点で、合格は絶対不可能ですが、私が志望した作曲科ならば、よく練習しさえすればネイティブスピーカーでなくとも現実的に入ることは可能です。

よく勘違いをされるのですが、藝大入試は——少なくとも作曲科の試験はその人の「才能」を審査するのではありません。発想力やクリエイティブな能力を見るのではなくて、あくまでも作曲で必要となる音楽的な基礎教養、その〝土台〟がしっかりしているかを確かめるような試験なのです。

「基礎教養ならば、着実に身に着けていきさえすれば、自分も合格ラインまで到達できるはず」

「英才教育を受けていなくとも、絶対音感がなくても、何とかなる」

もちろん、そのためには音楽的知識やピアノ、そして作曲のスキルはイチから学ぶ必要があります。藝大をはじめ音大受験生は、入試の指導ができるプロの音楽家の先生にマンツーマンレッスンを受ける、ということが必須です。

高2から作曲を習いだす

高校1年の終わり、藝大受験の指導ができる先生を探して、藝大作曲科を卒業して、プロとして活動している先生にコンタクトを取りました。

「レッスンを受けさせてください」とファックスを送ると、しばらくしてから連絡があり、先生に会いに行くことになりました。私が「藝大を受ける」と言った時、高校の先生からも「本当に受けるの？　あなた大丈夫なの？」と心配されましたが、こちらでも心配されるところからのスタートでした。

「キミ、ファックスに〝藝大を受ける〟と書いてあったけど……。本当に受けるんだったら、もうすぐに始めないと時間ないよ」

先生は「今から、全部イチから、勉強を始めたい」という私に、少々面食らいながらも、レッスンを引き受けてくれました。

「作曲は私が見ましょう、とりあえずウチに週1回来なさい」

「ただしピアノや〝ソルフェージュ〟は教えられないから、ほかの先生を探すように」

こんな風に、音大受験や藝大受験では、科目ごとに専門家の先生の下に通うことはごく普通です。そして最終的に、私は作曲の先生2人、ソルフェージュ1人と合計3人の先生に習うことになりました。ピアノは受験の直前期だけ、少しだけ母に見てもらう以外は、基本的に独学でコツコツと練習しました。

一般的には耳慣れないであろう〝ソルフェージュ〟というのは、ピアノなどの楽器で演奏されたメロディや和音、音を聴き取り、それを楽譜に正確に書き取ったり、初めて見た楽譜を正しい音程で歌ったりする基礎訓練のこと。音を言葉のように使いこなせるようになるために、学科や専門に関わらず音楽を学ぶ者にとって避けては通れないものです。

ちなみに、藝大作曲科は1次は大学入試センター試験（現・大学入学共通テスト）ですが、2次試験は4日間かけて行われます。そのうち作曲の試験が3日間3回、最後4日目は音楽の基礎的な知識を問う〝楽典〟の試験とソルフェージュとピアノ、そして面接があるという長丁場です。作曲科の場合、合否を分けるのはもちろん作曲試験の比重が相応に大きくなりますが、ソルフェージュもピアノも面接も、そしてセンター試験も一定水準以上は必ずクリアしなければなりません。

ただ私の場合、現役の時も、1浪目、2浪目も藝大の作曲科だけしか受けませんでした。「一番高い山に登らなければダメだ」と決めていてそれが前提だったわけですから、単願は必然だったわけですが、勉強も藝大入試だけに特化すればよかったのです。

高校2年生から本格的に、本気で藝大受験の勉強を始めました。平日は毎日ずっと音楽の勉強をして、週に数日、各レッスンの先生のところに通い、その合間に学校のレポートを書き上げ、日曜日は授業に行って授業を受けて部活も顔を出す——というルーティンをひたすらにとにかくこなしていきました。1年前まで不登校だったとは、我ながら思えないくらいの忙しさに突入していきました。

23

藝大入試のピアノは「情熱を持てる曲を選択」

藝大の入試について、もう少しだけ詳しく書いておきます。

まずはピアノ。作曲科のピアノの課題は、ほかの楽器や声楽などの専攻に比べると、少し難しく、ベートーヴェンのピアノソナタやショパンのエチュードなど、80曲ほどある課題曲の中から1曲選んで試験官の前で弾く、という試験です。

どれも弾きこなすのは簡単ではない、名曲と呼ばれる曲目ばかり。ただ80曲もあれば、その中には難易度の差もあり、自分から難しい曲を選びにいく必要はありません。また、自分が練習しなければいけないのであれば、モチベーションを保ちにくい選曲を避けて、「練習に情熱を持てる」曲にすることが合格への一番の近道です。

「よし、この曲でいこう」と私が選んだのは、ベートーヴェンの三大ピアノソナタとしても有名な名曲のひとつ、ピアノソナタ第8番『悲愴』でした。この『悲愴』にはある特徴がありました。第1楽章の最初、序奏が長くてゆっくりとしたテンポで始まるのです。指も、ものすごく速く捌かなければならないわけではありません。いきなりトップギアで入っていくことを要求される曲もありますから、明らかにピアノの演奏技術が足りない私にとって、これはとても有り難い一面でもありました。

またピアノの試験は多くの場合、最後まで曲を通して弾くわけではありません。試験時間の関係上、途中まで弾いたところで、演奏終了を知らせるベルが「チーン」と鳴って終わりということが多く、序奏が長いということは結果的に、演奏がそれほど難しくない部分の比率が長いことになります。そうとわかれば、前半の部分を重点的に、1年以上掛けて練習することができます。これはレイトスターターの私にとって重要なポイントでした。

ピアノの試験は、専科（作曲科の場合はもちろん作曲）の試験でないこともあって、明らかなミス、例えばまったく弾けないとか、演奏中に止まってしまったということがなければ問題ないとされています。

「コイツ、ピアノあんまり上手くないけど、まったく弾けないわけではないか……落とす要素もないな」

そう判断してもらえれば、入試の上では問題ないのです。

戦略的に戦うということ

藝大に限らないかもしれませんが、入試では限られた時間で対策することが必要です。得意な科目を伸ばしつつ、苦手を克服しなければいけません。短い時間で対策する以上、得意な人にはどう逆立ちしても敵わないかもしれませんが、合格を目指すのであれば、「落ちないぐらいの能力」を習得する必要がある。

私にとっては、ソルフェージュがその苦手な科目でした。ソルフェージュは言語の習得と似て、幼少期から訓練を積んでいる人間が入試〝ゲーム〟では圧倒的に有利です。大人になると絶対音感が習得できなくなるという話に代表されるように、ある程度、年齢が上がってから訓練するのには時間がかかります。

なぜなら、ソルフェージュは〝音声知覚〟と読み書きの能力試験だからです。

ソルフェージュにはいくつかの形式があります。実際の藝大の試験課題のまずひとつ目は「聴音」。ピアノの音を聴いてそれを楽譜に書き取る試験です。それも、一声だけの〝単旋律〟、〝複旋律〟というベースとメロディ、二声の聴音、さらに4つの音が同時に鳴る〝和声聴音〟、この3パターンを決められた時間内に書き上げねばなりません。

ふたつ目は「新曲視唱」。これは入試当日、その場で手渡された楽譜を、初見でピアノの伴奏なしで、正確に歌うという試験です。伴奏がありませんから、頭の中で正しい音をイメージできなければいけません。ほかにも、その場で初見でリズムを読む

「リズム課題」や、ピアノによる「初見演奏」もあります。

そうしたたくさんの課題をこなせるようになるために、私が学習のヒントにしたのは、英語の学習法でした。

音楽の勉強＝語学学習

こうした試験で求められる能力が、「これは言語の習得とすごく似ているな」と、ふと気づいたのです。

「じゃあ、英語ができる人はどういうトレーニングをしているんだろう……？」

色々調べてみると、留学以外で英語を独習する人の多くは、暗記できてしまうくらいまでテキストを音読したり、英語の音源を聞きながらそれを〝シャドーイング〟したりしていました。能動的に反復して、ひたすら体に落とし込むトレーニングをしてるわけです。

私はそれを、そのまま音楽の学習に持ち込んでみました。

一般的な場合、ソルフェージュの勉強というと1週間に1回レッスンに通うくらい。

私だけでなく苦手な人にとっては、ソルフェージュの勉強は苦しいもの、できればや

りたくないくらいのものです。嫌々ながらレッスンに通い、難しい課題のトレーニングをこなして、最後に宿題を出されて、

「ありがとうございました。ではまた来週よろしくお願いします」

次の週、レッスンに行って同じように、出された課題をこなして、

「はい、それではまた来週」

というような形が多いと思います。つまり一般的なソルフェージュの学習というのはレッスンの時間だけ、週に1時間＋αで自習の課題に取り組むくらいでしょう。もしこれを英会話教室と考えると、週に1回通ってちょこっと勉強するくらいで英語が身になるでしょうか。本気で習得したいのであれば、圧倒的に練習時間が足りていないことに気がつくはずです。これでは、特に私のようなレイトスターターでは一向に伸びません。

つまり、短期間で最大限に学習の効果を出すために重要なのは、レッスンとレッスンの間――1週間の間に自宅での〝独習〟でどれだけ濃密に教わった内容を叩き込めるか、にかかっています。

そこで私は、その週に先生のレッスンで出された課題だけでなく、自習用に自分で

別の教材をいくつか用意して、基礎練習として、毎日1時間は、声で音程を取る練習をしたり、リズム課題に取り組んだりと、まるで音読やシャドーイングを毎日するかのように、コツコツ訓練を重ねるようにしました。その時のポイントは、覚えるまで課題を徹底して訓練するということです。

たいていの受験生は2、3回同じ課題に取り組んだら、すぐ次の課題に進んでしまいます。でも私は「体に染みつくまでは徹底した反復が必要だ」と考え、ひとつの課題を1週間の間、毎日練習するようにしたのです。絶対音感を持たない人間が苦手としがちな「聴音」も練習用の音源を使い、毎日聴き取ることを続けました。

すると、だんだん、自分がわからなかった音やリズムが簡単にわかるようになっていくことに気がついたのです。徹底した反復によって、覚えているリズムやメロディのパターンが、英単語の語彙のように少しずつ増えていったからでした。

これを1年間続けていくことで、ディスアドバンテージだったソルフェージュもボーダーラインに乗せられるようになっていきました。

24

藝大入試の作曲とは「テクニックが物言う小論文」

藝大作曲科を受験しようと志す人は、小学生の頃にはピアノとソルフェージュはほとんど習い始めています。そして、早い人は中学か高校入学くらいの時点で作曲のレッスンも始めています。藝大作曲科の入試で、最も大きな得点ウエイトを占めているのは、言うまでもなく、その「作曲」の試験です。

ただし作曲といっても、入試における作曲は、植松さんや坂本さんのように「作曲家が実際に曲を書く」それとは、まったくの別物です。

わかりやすく例えると、実際に作曲家が曲を書くことは「小説を書く」ことに近く、入試は「小論文を書く」イメージです。小論文には、まず入り口となる序章があり、続く本論には3つほど要点やポイントがあって、最後に結論がある――という書き方のフォーマットがあります。藝大入試における作曲も同じなのです。

つまりハッキリ言ってしまうと、フォーマットの通りにきちんと書けるテクニックを持っているかどうかを見るだけの試験です。繰り返しになりますが、藝大の入試ではその人の才能のあるなしを見極めているのではなく、「レッスンや講義についてこられるだけの基礎的な知識や素養があるか」という部分だけを見ています。

藝大入試、少なくとも作曲科の入試は、完全に技術なのです。

つまり、テクニックであるならば一般的な四年制大学の入試と大差はありません。科目が少し違うというだけです。また、こうした勉強はあくまでも基礎力を身に付けるためのもので、本当の力——音楽家として生きていけるかどうかは、大学に入ってから、あるいは卒業してからの問題です。それもまた普通の四年制大学と変わりません。それを教えてくれたのは、作曲のレッスンをしてくださった先生。先生方にこうした現実的なアドバイスも貰いながら、国立音大ならこういう試験、武蔵野音大ならこういう問題、藝大なら……というように各大学の特色と傾向に合わせてそのテクニックを学んでいくわけです。

レイトスターターにもチャンスはある世界

そしてテクニックであるからこそ、私のような超レイトスターターにも確実にチャンスがある、ということ。もちろんチャンスがあるというだけで、合格が簡単なわけではもちろんありません。私が入学した時は、作曲科新入生15人のうち、2浪が2人、1浪2人、他大学を卒業後に入って来た人が2人いました。また、その中には〝音楽高校〟出身の人も少なくありません。音楽高校とは、音楽科が設置され音楽の専門知識や技術を習得できる高校のことです。関東圏で例を挙げてみると、国立の東京藝術大学音楽学部附属音楽高校――通称〝藝高〟を筆頭に、東京都立総合芸術高校や神奈川県立相模原弥栄高校など、関西圏では葉加瀬太郎さん出身の京都市立京都堀川音楽高校や、大阪府立夕陽丘高校などがあります。東京音楽大学附属高校や国立音楽大学附属高校といった私立音大の附属校もそれにあたります。

中でも、やはり藝高は頭ひとつ抜けた存在です。1学年の定員は40人。藝高に入学した時点で、全国中学生の中でのトップ・オブ・トップです。そこからさらに3年かけてみっちり技術も知識も学ぶので、藝高生は藝大に現役合格する人が大半です。附属といっても私立のようにエスカレーターではないので、もちろん入試はありますが、元々の能力に加えて藝大入試向けに完全チューニングされているので、現役合格する人が圧倒的多数なのです。落ちてしまう人もいないわけではありませんが、その翌年にはたいてい合格します。

藝高に限らず音楽高校に進む人は、幼少期から英才教育を受けて、受験を視野に入れながら勉強し続けてきている人たちばかりです。そうした人たちと不登校だった私が、同じ土俵に上がろうというのですから……。

25

考えるべきは〝3か月目のブレイクスルー〟を「早く起こす方法」

最初から大きな差がありますから、「とにかく、3年でも4年でも、徹底的に詰め込みで勉強しよう」と考えました。

「効率的に、正しい方向、正しい方法で勉強を継続すれば、スタートの遅れくらいは挽回できる」

そのために大切なのは、「学習の全体像」をできる限り自分なりに把握すること。がむしゃらに熱中してやることです。同時に、そのためには、どのくらいの時間を確保する必要があるのかを考えなければいけません。

私も勉強をスタートさせた直後の1～2か月は、レッスンを受けても完全にお手上げ状態でした。ソルフェージュなんて、それまでの生活の中で出てきたことがないわけですから、最初は〝ド〟も〝レ〟もまったく音が聴きとれません。

でもこれは鉄棒の逆上がりと同じです。最初はまったくできなくても、トレーニングを続けて3か月くらい経つと、ある日突然、ひょいっとできるようになりますよね？これが〝ブレイクスルー〟ですが、逆上がりと同じように音も、聴き続けているうちに「……あれっ、わかるぞ」という瞬間が来ます。

大事なのは、そうしたブレイクスルーを、できるだけ早く持ってこられるように訓練し続けること。

忍耐強く取り組みながら、どうやったら自分が効果的に学ぶことができるかを考え、試験前には解ける状態になっているようトライ・アンド・エラーを繰り返すことが重要です。

傾向を見抜き対策を練る

入試や各課題の傾向を早めに掴んでしまうことも、忘れてはいけません。

ピアノの課題以外、藝大入試で出題される問題は、すべてその年の入試のために作られたものなので、受験生は当然、全員初見になるのですが、〝意地悪なパターン〟は毎回、ほとんど同じです。例えば聴音の試験では、毎年どの曲も聴き手が取りにくい音のパターンで構成されていて、初めて聴く受験生が「あぁ、わかんない！」と焦ってしまうようになっています。

でも、あらかじめ〝そういうもの〟だと掴んだ上で、何度も色々な意地悪パターンを聴き取る勉強をしておけば、「あぁ、これね」と慌てなくて済みます。入試で全く同じ問題は出ないとしても、「♪ドレミレドレミレドレミレ……」という繰り返しの音形があったとして、それを経験しておけば、入試で「♪レミファミレミファミ……」という音形が出題されたとしても、「あ、あの〝繰り返しパターンね」と対応できるわけです。「知っているか、いないか」「一度でも出会った問題か、どうか」が効いてくるというのは、いかにも詰め込み型の受験勉強という感じで、私は好きではありません。ただ、もし自分がレイトスターターとして、そうしたテストに対応しなければならないのなら、条件を逆手にとって有効な勉強すればいい。

また、そうした法則や条件を見つけ出す力というのは、実は音楽家、作曲家として生活していく力にも繋がってきます。ただレッスンを受けて先生から教わるだけでは、仮に合格できたとしても、卒業後、プロにはなれないでしょう。

26

誰かの心を動かすには「自分の〝好き〟を取り入れる」

作曲は、私にとって最も〝フェア〟な試験でした。と言うのも、中学生頃から作曲を学び始める人もいるのですが、藝大入試での小論文的なテクニカルな作曲をその年齢から学んでいる人は稀です。高校生程度の年齢になってからやっと取り組み始めることが多く、全員始めるのが比較的遅め。つまり、私とそんなに差が開いていないからです。作曲科の入試では、この作曲の比重が一番高いですから、やはり私も作曲の勉強に一番時間を割きました。

歴史を知らなければ作曲はできない

実際にやってみて感じたことは、どんなに効率を上げて時間をかけずに学ぼうとしても、「最低限戦えるようになるまで、最低2年はかかるな」という印象です。本当にしっかりと学ぶのであれば、欲を言えば4~5年は時間が欲しい。

作曲の勉強には教科書がありません。〝どこからどこまでやるのか〟という範囲も、やろうと思えば、いくらでも広げることができます。入試では、だいたいルネサンスからロマン派と言われる時代までの作曲技法の基礎を身に付けているかどうかが問われるのですが、それだけでも数百年分の作曲法、ルール――つまりは〝文法〟を頭に入れておく必要があるのです。

作曲家を志す者として、入試までに最低限ルネサンス、バロック、古典派、ロマン派の4つの時代の技法である程度曲を書けるレベルになっていないと、「あなたは作曲を学んでいく上での教養がありません」「あなたは作曲という行為をする、そのスタート地点にも立っていません」

そういう考え方が作曲の世界にはあるのです。そういった意味では、脈々と続く文化を受け継いでいる学問であるとも言えますが、これだけの分量を学ぶためには、年単位での時間がかかるのです。

ただし作曲にも、そうした必須要件とは別に、ちょっとしたポイントがあります。こういった文法をひと通り勉強し終え、いよいよ実際に作曲に取り組む段階になると、もうひとつ上の大変さが出てきます。

レッスンへ一生懸命学んだものを使った曲を持って行っても、先生から「うん、これでいい」と言われる場合と、「うーん……ちょっとよくないんじゃない」「面白くないね」と言われる場合があるのです。

「この評価の差は一体何なんだろうか？」

「先生や試験官を〝おっ！〟と思わせるポイントって何だろう？」

私は考えました。何が他人から評価されるのか、逆に、されないのかをやはり正確に掴んでいけば、おのずと曲作りの精度は上がるはず。

そこで私は、自分自身の「好き」という力を最大限生かしてみることにしました。まずは自分が「好きだな」と思う曲や作曲家の使っている〝技〟を深く掘り下げ、なるべくたくさん集めてみる。その上で、集めた〝好き〟を使って曲を書いてみるのです。そうして書いた曲をレッスンで先生に見てもらい、「いいね」と評価された部分はそのまま採用。一方、「今ひとつ」と指摘されたところは、さらに別の形で試行錯誤を繰り返していく。この〝好き〟を中心にしたトライ＆エラーを繰り返していくと、自ずと「これが他人に評価される書き方だな」という最適解も見えてきます。

自分の〝好き〟の解像度を上げることが、他人の共感を得ることにも繫がるのです。その上で自分の〝色〟をしっかり出していく。このことが作曲においては必要だと気づきました。

誰かと音楽を通して通じ合うためには、自分自身も本気で「好きだな」と思えるものをぶつけないといけないのでしょう。

27

目標達成のためには「〝マイルストーン〟を見失わない」

作曲は一般的な受験教科の勉強とは違い、どこまでも進んで行けるし、進まないこともできる。ある意味では正解がない世界ですから、「ここまで達成した」という〝マイルストーン〟を見つけにくいものです。マイルストーンは、自分が今いる位置、進捗具合、スケジュールを掴む上で欠かせません。どれだけ見つけにくかったとしても、全体を俯瞰してマイルストーンを見通す能力は絶対に必要です。

「今はまだできないけれど、この努力を1年続けていれば、ここに到達しているはず」といったような見通しがないと、勉強はスムーズに進まないからです。例えば、入試のために英語を勉強しようとする時。

「今は、共通テストレベルの英単語帳の勉強を1日100ワードのペースでやっているから……半年後には難関大レベルの単語帳に手が付けられているだろう」

「でも、試験まであと半年しかないから……このペースだとギリギリだな。1日200ワードまで増やさないと」

マイルストーンを自分で見通す力があれば、逆算できる。目標達成の確率を上げることができます。

逆算する力が武器になる

音楽を勉強してきた人は、この見通しが苦手な人が少なくありません。と言うのも、「先生から教わる」というスタイルで学ぶ場面が多いので、勉強のペース、スケジューリングを自分でコントロールするケースがそれほどないからです。あえて少し意地悪な言い方をすれば、小さい頃から先生に言われた通りに勉強し、入試に向けて敷かれたレールに乗っかっているだけ……ということも少なくありません。

ただ作曲は、先生のレッスン力と自分自身の考える力の〝複合競技〟。両方を持ち合わせていないと突破はとても難しいのです。

こんな偉そうなことを言っていますが、私も常に不安の中にいました。

「これだけ膨大な勉強を、1年で、いや2年、3年かけてでも自分は終わらせられるのだろうか……?」

実際には完璧な受験生などいませんし、完璧でなくても問題なく合格できるのですが、必要な勉強量の多さに圧倒されることはしばしばありました。

そもそも、究極的には作曲の勉強に終わりはありません。勉強するにしても、理論や技法は数限りなくありますし、もし仮に数百年分覚えられたとしても、それで終わりではなく、そこがあくまでも出発点。学んだ様式やロジックで作曲がある程度できるようにはなっても、自分自身の表現が見つかったわけではないからです。

さらに音大や藝大には、全国模試のようなものがありません。私立の音大は夏期講習などをやっているところもありますが、藝大はそれもない。自分が今、どのくらいの位置にいるのすらかも、なかなか把握できません。まさに暗闇の中を手探りで、「この道であっているのかな」と進むような怖さがつきまといます。

でも、私はみんなより少しだけ、その暗がりに慣れていました。

小・中学校の9年間を不登校で過ごしていた時。ほかの人が大人に手を引かれてレールの上を歩いている間、私は誰も歩いていない道をひとりで歩いていました。

その経験、まずは何でも自分で考えてやってみるという経験が、私をずっと支えてくれました。

レッスン代稼ぎに人生初めて「働きに出てみる」

こうして、毎日、音楽の勉強を一生懸命に続けていたのですが、当然、その勉強にはかなりのお金がかかります。

レッスン代は、先生によってもちろん変わるのですが、作曲の場合は概ね1レッスン1万円前後。週1回、1か月4週通ったら4万円ということになります。私は作曲を2人の先生に習い、ソルフェージュにも通っていましたから月に10万円近い出費になります。わが家にとって、これはかなりの高額です。

「多少なりとも、自分でレッスン代を負担しよう」

音楽の勉強の合間に学校のレポートをこなして、そこに週末の授業と部活……のさらに合間に、アルバイトをしてみることにしました。

私にとって、初めての「働く」という経験です。

コンビニ超マルチタスク修行

選んだのは近所のコンビニエンスストア。自宅の近所に新店舗がオープンするということで、そのオープニングスタッフ募集に応募しました。

ただ家に近い所にオープンするから、と特に深くも考えずに応募したコンビニでしたが、人生初の労働は、めちゃくちゃにキツいものでした。経験のある人は知っていると思うのですが、コンビニバイトは〝やること〟がものすごく多いのです。

お客さんが入ってきたら「いらっしゃいませ」と声をかけ、カウンターで接客しながらお弁当をレンチン、袋詰めして、少し客足が途切れた隙に配送されてきた商品を検品して陳列、その間にも接客をして今度はその後ろでフライヤーで揚げ物を揚げて、時間が来たらお弁当の廃棄をし、レジの金額チェックをし……と思ったら「宅配便、お願いします」とお客さんがやって来て宛先用紙をカウンターで書いていると、お客さんが次々にレジに並び出して「すみません、次のお客様、こちらにどうぞ！」……と、それはもうずっと忙しい。〝マルチタスクの極み〟です。

一度、誤ってお釣りを1000円多く渡してしまったことがあって、その時には店長に呼び出されて、監視モニターを見せられながら「これ、キミだよね？」と叱られて始末書を書かされた、なんてこともありました。

それなのに時給がすごく安い！　ここ最近でこそ人手不足の影響か、都心のコンビニは1300円とか1500円とか良い時給での求人も見かけますが、私の住んでいる近隣では当時900円台後半くらいでしたから、猛烈マルチタスクに見合っていません。労働時間と全然つり合わない疲労感も、後からどっときます。

それでも、「レッスン代の足しになれば」と、高校2年から入試準備で、ほかのことがほとんどできなくなってしまう高校3年生になるまでの約1年間、コンビニで働きました。今振り返ってみると、短い間でしたがこのタイミングで働くということ、お金を稼ぐということを経験できて良かったな、と思います。

29

面白くないことは「どうしても、できない」

ここまで藝大入試の勉強について、私がやった勉強を中心に書いてみましたが、改めて読み返すと、こんな感想が浮かんできました。

「自分は本当に、〝やりたくないこと〟がまったくできないんだな……」

偉そうに効率よく成果を上げたように書いていますが、それは裏を返すと、「人に強いられたことが絶対にできない」ということなのです。

ピアノもソルフェージュも作曲も、毎日毎日本当に苦しい勉強でしたが、やはり面白いのです。自分でやってみたいことだから、やりたいことだから苦しいけれど楽しめる。自分なりの攻略法を編み出すことも面白くて仕方ない。

その一方で、「やらなきゃいけない」「いいからやりなさい」と誰かに言われてやるようなこと——「やりたくないこと」が、どうしてもできない。

私が藝大合格まで3年かかったのも、それが大きな原因だったと言っても過言ではありません。

センター試験はノー勉強

音楽の力は順調に着実についていったのですが、1次試験であるセンター試験対策をまったくしませんでした。「ホント?」と思われてしまうかもしれませんが、本当に1度も、参考書も過去問も開きませんでした。センター試験自体は、国語と英語の2教科で受験できるのですが、2教科とも〝完全ノー勉強〟で試験に臨んでしまいました。

国語も英語も小・中学校で一度も勉強したことがないのに、です。

ご存じの方もいると思いますが、藝大では多くの学科において、センター試験の必要得点は決して高くありません。年度にもよりますが、5~6割取れればボーダーラインという程度。それはやはり、実技や知識などの専門の能力のほうが圧倒的に重視されているからです。あくまでも英語や国語は〝一般的な高校生の常識程度のことがわかっていればOK〟というスタンスなのです。

私自身、先にも書いたように本も好きでしたから国語――言葉や文章はむしろ好きですし、英語も英会話教室にしばらく通っていたくらいなので、決して英語そのものが嫌いなわけではありません。

では何が嫌だったのか? 試験のために単語帳を暗記したり、構文や熟語を覚えたりする行為がどうしても好きになれなかったのです。わかってもらえないかもしれませんが、〝言語を学ぶ〟というところからかけ離れた、何か強引な行為のような気がしてしまったんです。

そう書くと少し格好いいですが、つまりは受験のために英文法を覚えたりすることが面白いと思えなかったのです。勉強するならば、シャドーイングなど自分なりに〝やりたい〟勉強法があったのですが、受験勉強ですからとにかく期日までに詰め込まなければいけない。それがどうしても嫌でした。

そして、このことが受験の結果に大きく影響してくることになります。

30

1度目の入試は「見事にセンターでコケる」

高校3年の2月、いよいよ藝大入試がやって来ました。2年間、自分なりに考えて努力して、積み重ねてきた成果を出す時です。いや、必ず出し切って人生を逆転させなければいけないのです。

センター試験は点数を取れていない、ということは自分でもわかっていましたが、根拠のない〝現役の自信〟がありました。本気で「多分、受かるだろう」と思っていたのです。

「実技がすごく良かったら、正直センターは点数を取れなくても受かるんじゃないかな……」

藝大作曲科の入試では、ほかの国公立大学のように1次のセンター試験の〝足切り〟はありませんでした。志願者全員が進める2次試験は、ピアノ、ソルフェージュ、作曲などの実技や音楽的知識を問われる試験を1日目から4日目まで行い、50人ほどいた受験生が1日ごとに10人くらいずつ落とされていく、という流れになっています。審査が進んでいくごとに人が減っていく雰囲気は、オーディションや就活に似ているかもしれません。4日目の最終試験まで残れると、教授陣との面接もあります。

特徴的なのは、事前の〝足切り〟がない代わりに、この最終試験後に〝足切り〟があること。センター試験の点数が基準に達していないと、2次試験の結果が合格ラインを超えていたとしても、4日間を終えた後の最後の合格発表で落とされてしまうことがあるのです。あとひとつ関門を越えれば合格が手に入るところまで来ていて、目の前で落とされる。それだけでも辛いのに、それが音楽の力ならまだしも英語や国語でとなったら――。この不合格は、かなりメンタルにきます。

1年目から最終試験到達

初めての入試、私も2次の最終試験までふるい落とされずに残ることができました。でも合格発表の日、合格者の受験番号が貼り出される掲示板には、私の番号はありませんでした。大ブレーキになったのは、あろうことかセンター試験の英語でした。

自分の入試の各課題や科目の採点結果は、後日、大学事務局に開示請求をすると確認することができます。どの科目や課題が足を引っ張ってしまったのか、自分が受験者中何位だったのか、すべて教えてくれるのです。悔しいし辛い作業ですが、これを確認しておくことで「自分は何が足りなかったか」「どこがダメだったか」を正確に把握することができるので、来年の入試に向けてやらない手はありません。

1度目の入試に落ちた私は、早速、開示請求して採点を確認しました。

2次試験4日間の音楽の実技や知識の試験、苦労したピアノやソルフェージュ、絶望から始まった作曲の得点は、総合的に見ると合格ラインを超えていました。とは言っても、15人定員で志願者数50人前後の中で、合格15人の中のギリギリボーダーラインくらい。それでも合格に限りなく近い成績だったことがわかりました。

2次試験全体で、唯一、マイナスの成績だったのはピアノの初見演奏。試験当日、初めて見る楽譜を試験官の前で弾くという試験。初見で弾くことも大変ですが、この曲自体、仮に練習を積んでいたとしても弾くのが難しいような曲が出ることもあります。ですから、わりと多くの人がつまずく試験なので、かなりボロボロの演奏でも通る人はいる。ただし、〝まったく弾けない〟と落とされてしまいます。

1度目の試験は、教授5人が見ているという状況もあって緊張して手が震えてしまうほどでした。全然弾けず、止まっているのか弾いているのかわからないくらいの惨状でした。

「あのぉ……初見のね、練習ってこれまでにしたことありますか？」

教授の1人からそう言われてしまうほどの出来でしたから、これはかなり足を引っ張ってしまったはずです。

ただ、やはり一番大きかったのはセンター試験で間違いありません。国語は十分ボーダーを超えていたのですが、英語がボーダーの半分にも足りていませんでした。200点満点中50点くらいだったでしょうか。これではさすがに問答無用で不合格です。

結果的に、勉強をしてこなかった英語に、最後の最後に刺されてしまい、自信家の私もさすがにショックでした。最終まで残れていたわけですから、「やっぱり現役で受かるんじゃないかな?」と。期待するなというほうが無理です。

藝大がある上野から1時間半かけて自宅に帰ると、食事もそこそこに、そのまま布団にくるまりました。

「……補欠合格とかで繰り上げにならないかな」

そんな淡い希望を抱きましたが、藝大は、ほぼすべての受験生にとって第1志望。合格した人が入学を辞退するケースは、海外の超一流音大に受かったなど、ごくごく稀なケースを除いて基本的にはゼロです。現実は甘くありませんでした。

31

再び
センター失敗で味わった
「後悔先に立たず」

ただいつまでも落ち込んでもいられません。そもそも、藝大に行こうと決めた当初は「何回かノックすれば届くだろう」と考えていたわけですから、浪人は想定内です。

まず、1度目の試験を自分なりに総括して振り返ってみました。

「……全体的にどれもギリギリで、がむしゃらだったな」

「ただ、そのなんだかわからないがむしゃらさがあったから、なんとか本当に最後の最後でボーダーラインに辿り着いた、という感じだろうな」

つまり、まだまだ余裕を持って試験に臨めるほどの力は備わっていない、ということです。

一方で大きな収穫もありました。そんな中でも最終試験まで残れた、合格者に近い位置にいた、という結果に手応えを感じました。

「2年間、勉強してきたことは間違っていなかったし、正しい方向にちゃんと向かっているんだ……！」

実際、浪人期に入ると音楽の勉強を現役時よりさらにしっかりと積み上げることができました。勉強をしていても、余裕を持って問題に取り組めるようになってきたのです。実際の2度目となった入試でも、それは表れていて、前年、緊張から失敗してしまった初見演奏も上手くこなせて、「これは受かったな」という手応えがあったのです。ところが、2度目の受験、またしても不合格でした。

原因は信じられないことに、またしても英語――1度目に続き2度目のセンター試験も50点しか取れないという、同じ過ちを繰り返してしまったのです。

試験勉強は、試験前、気休め程度に一瞬だけシャドーイングをやったのみでした。不合格だとわかった後、気力を振り絞って、開示請求をして試験結果の確認をしてみると、恐ろしい事実が判明したのです。

平均3位でも不合格

ピアノもソルフェージュも作曲も、私の得点アベレージは全受験者中、2位、3位といったところでした。正直、余裕で合格できるレベルだったわけです。本当に英語があまりにもできなさ過ぎて、落ちてしまいました。やはり、英単語や構文、文法を覚えたり問題を解いたりということが、どうしても自分のやりたい勉強ではなかったのです。しかし、受からなければただの言い訳。後の祭りです。

さすがにこの時は、自分の行動を後悔しました。自分でも手応えがあって「受かった」と確信していただけに、上野の藝大キャンパスの合格発表掲示板に受験番号が無かった時のショックは、1度目とは比べ物になりませんでした。相当なツラさでした。

普段の勉強も、もちろん大変なのですが、作曲科の2次試験がとにかく、ほかに類を見ないキツさなのです。それを最低でももう一度、乗り越えないといけないというのは、考えただけでも苦痛でした。4日間という長丁場もそうですし、試験ひとつひとつも長くて険しい。2次試験の1日目〝和声〟は6時間、2日目の〝対位法〟は5時間、そして一番苦しい3日目の〝自由作曲〟はなんと8時間。日本の大学入試の中では最長の試験時間かもしれません。

逆に声楽科は、一番大事な歌唱の実技試験が数分間で終わります。これはこれでその数分、たったワンフレーズですべてが決まってしまう逆の怖さはありますが、とにかく作曲科は体力と気力、そして強ストレス下の消耗戦になります。それに3度目挑む気持ちにはなかなかなれません。

あまりの私の落胆ぶりに、レッスンしてくれた先生や両親も、どう声をかけていいかわからないくらいだったようです。私自身、現役時代から3年間付き合ってくれた先生方に顔向けができないという気持ちでした。

32

〝心が折れた〟ら思い切って「しっかり休む」

私は本当に傷ついて、心がバッキバキに折れてしまいました。まったく何も、やる気が起きなくなってしまったのです。

「疲れてしまったので、しばらくレッスンを休止させてください」

作曲の先生にそう宣言して、本当に、完全に、勉強もレッスンをやめてしまいました。

3月から半年間、ボケーッと部屋でゴロゴロしながら、ネットサーフィンをしたりゲームをしてみたり。電車に乗って近くの海を眺めに行ったり、ただただ意味もなく往復4時間かけて地元から2つ先の駅まで歩いてみたり……。まるで不登校だった頃に戻ったような生活でした。

「高校の時は成績も良かったから、改めて成績証明書を貰ってAO入試とかでほかの大学を考えてみてもいいかな……」

「もう藝大は諦めようか……」

高校に入る前は、「東大に行って、弁護士か医師にでもなろうか」なんて考えていた時期もあったので、一度ここで引き返して、音楽ではない道へ進むのもいいんじゃないか——。本気でそう考えて、一度は、留学経験もある知り合いの先生に進路相談に行ったりもしたのです。それでも、どうにもしっくりこない。

そんな〝2度目の不登校生活〟を送っているうちに、ふとした時に自然と、自分が音楽を聴いていることに気がついたのです。

「……もう1回、チャレンジしてみようかな」

「今度こそ本当にやり切って、もしもダメでも、これを最後の挑戦にしよう」

自分にとって一番悔いのない選択をしようと決めた時、季節はもう夏を過ぎようとしていました。

三度目の正直で合格

藝大受験を再び決意した一方で、〝三度目の正直〟のために英語を勉強することにしました。2年連続で同じ失敗を重ねてしまったので、とうとう観念したのです。週に1回、大手進学塾に通ってセンター試験のための英語の勉強をしました。ただ、それでも4か月間ほど。どうしても自分的に納得できないこの勉強に耐えられる限界ギリギリが、4か月だったのです。

翌年1月の3度目のセンター試験。試験後の自己採点では、ボーダーラインと言われている5割を少し超えるくらいの点数。

「良かった、これで受かったな」

2次試験は、まったく問題ありませんでした。問題ないどころか、「簡単過ぎる」と感じるくらい完璧な手応えでした。問題用紙が配られて「始め」の合図で用紙をめくると、見た瞬間に「あ、このパターンね」と出題の意図がわかってしまうのです。

藝大に限らず、入試のような試験では、傾向と対策の勉強を極限まで突き詰めていくと、自然とそんなふうにフォーマットが見えてくるものだと思います。最終試験の面接も、3回目ともなれば慣れたものです。

「去年も受けました？　最終まで来ましたか？」

「はい。去年もここまで来ました！」

教授陣と、そんなやり取りができるくらいでしたから、試験4日間を終えると、「さすがに今度は受かったよね」と思いましたが、合格発表を見に行く当日になると、やはり嫌な記憶がよみがえってきます。

「万が一、これで落ちちゃったら……」

恐る恐る掲示板で、自分の受験番号を探しました。

「……あっ。あった」

3年もかけて、ようやく自分の番号を見つけることができて、少し信じられないような、夢でも見ているような気持ちで何度も何度も確認しました。合格すると、事務局の窓口で入学手続きのための書類や資料一式が入った〝藝大名物〟ピンクの紙袋がもらえるのですが、それを受け取る時に、「本当に受かってますか？」と確認してしまったくらい。すぐには信じられません。

少し自分自身の気持ちを落ち着けるためにも「誰かに報告しよう」。とりあえず作曲の先生に電話をしました。

「あの……なんか、ちょっと受かっちゃったみたいなんですけど……」

「受かったの⁉　落ちたの⁉　どっち‼」

「あ、すみません、受かりました」

両親にも電話をかけました。「受かったよ」と報告すると、

「良かったね……おめでとう！」

母は電話口で泣いているようでした。家族にとっても、毎年毎年、その重圧は大きかったはずです。お世話になった先生方にも、ひと通り報告の電話を終えると、急にほっとしました。嬉しさももちろんあったのですが、それよりも安心したほうが大き

かった。

「もうこのツラい勉強と試験をやらなくていいんだな……」

それくらい心身ともに厳しい2年間でした。浪人というのは孤独で、自分との戦いです。それにその間はずっと立場――居場所がないような感覚でした。属するものもなく、自分が何者でもないような不安感、周囲からも「お前、何やってんの？」という目で見られている気まずい感覚がずっとありました。9年間、不登校でひとりぼっちだったことがウソのようですが。先が見えない中で、ささいなことで家族とぶつかったり、ツラくてひとり涙をこぼしたこともありました。抑圧された怒りのような感情もあったと思います。

合格したことによって、ようやく社会に居場所ができたような気がしました。

休んだことで能力が上がる

振り返ってみると、2年連続で不合格になった時、半年間勉強を休んだことは、私にとって結果的に良かったのではないか、と思います。

「自分が本当にやりたいことは何か」ということを、改めてもう一度、しっかりと、考え直す機会になったからです。

「半年も休んでしまったら、せっかく覚えたことや身に着けたことも忘れてしまう」

そう思う人もいるかもしれません。ところが、ここも音楽の面白いところなのですが、音楽は学問的でありながらも、それ以上にスポーツ的、トレーニング的要素がとても強いのです。ピアノをはじめ楽器の演奏は、繰り返し訓練するものですから、「自転車を漕ぐ」とか「泳ぐ」のと同じように、動作と連動して記憶するのです。そうなると、ブランクがあっても弾ける。失われる部分が少ないのです。もちろん最初は、弾きにくさは感じますが、それもしばらく弾くうちに感覚は回復していきます。

これは作曲も例外ではありません。譜面を書くと音が頭の中で鳴るようにイメージできる能力がついているので、そうした力は休んでもそれほど衰えません。

よくスポーツでも勉強でも、「1日休むと、取り戻すのに3日かかる」なんて言葉を耳にしたりもしますが、これは少なくとも音楽について、すべては当てはまりません。

また、面白い研究結果もあります。演奏家の脳と身体について研究している古屋晋一さんによると、「5日間、ピアノを弾いている指の動きを思い浮かべる〝イメージ・トレーニング〟をしっかりと行うだけで、実際には弾いていなくても指を動かす神経細胞の働きは向上する」というテスト結果もあるそうです。休んだことで影響が出るのだとしたら、それはどちらかというと、メンタルのほうかもしれません。

日本は、「休む」ということに対して、いまだに厳しい社会だと感じます。休むことは決して悪くありません。それどころか、私自身、しっかり休んで勉強に戻ったところ、不思議なことに上手くなっていました。休んでいる間に、脳が自動的に、それまで溜め込んできた情報や知識を一度整理したのかもしれません。頭の中……自分の中がとてもクリアになって、それまでとは見え方が変わっていました。ピアノはより指が動くようになり、作曲の問題もより解きやすくなった、レベルが確実に上がっていたのです。

つまり、休んだことで私の中でブレイクスルーが起きた、ということ。思い切って、休む、離れることはとても大事な時間です。

33

藝大生の「1日」「1年」「4年」

3年がかりで晴れて、藝大生になりました。講義も始まり友達もだんだんできて、藝大生としての生活は順調にスタートしました。ピアノも学内で自由に弾けるし、周りの学生もみな楽器ができる。やはり好きな音楽だけに囲まれている環境は、私にとってとても刺激的でした。

藝大音楽学部の学生の生活は、基本的にシンプル。レッスンに行って、その合間に練習をして、一日の授業が終わったらまた練習、ということをひたすらに続けます。

私が在籍した作曲科では、作曲のレッスンがその中心になります。面白かったのは、2年生まで2人の先生に〝同時〟に習えるシステム。古典的な作曲技法を学ぶレッスンと、自分自身の発想力や想像力を深めるようなレッスンが、並行して行われていました。

それ以外には音楽史やオーケストラの作・編曲法を学ぶ授業、ピアノにソルフェージュ等々……音楽家として必要な基礎トレーニングを毎日受けていました。もちろん一般の四年制大学と同じように一般教養や外国語も学びます。こうした毎日の講義以外に、学期末のレポート提出や試験、作品の提出で進級をはかる、という流れでした。

作品制作は、もちろん作曲です。課題は学年ごとに決まっていて、1年間をかけてしっかりとした力作を作る必要があります。学年によって編成が少しずつスケールアップしていくイメージで、私の時は、1年次は二重奏作品の作曲。ピアノともうひとつ何か楽器を選んで作品を書き上げます。2年次は室内楽作品。三重奏から六重奏程度の曲を書きます。

3年次になると、前期と後期で2作品の提出が必要で、前期が歌曲、そして後期でいよいよオーケストラの曲に取り掛かることになります。最後の4年次は、前期に自由な作品を書いて、学内の演奏会で初演を行い、後期にまた自由な卒業作品を書いて卒業という形でした。

また、2年次まで提出作品とは別に、学年末に入試と同じような長丁場の作曲の試験もあります。試験時間は6時間。こちらは古典的な作曲技法がきちんと身に付いているか、レッスンで学んだことを時間内にしっかり書けるかが試されます。真面目にレッスンに出て、きちんと作品を提出していけば、基本的に留年することはありませんが、学外での演奏や作曲活動のために休学したり、上がれない人もいて、同期15人のうち、一緒に卒業したのは10人でした。

楽しそうなことは絶対に断らない

藝大生になったら、何よりも大切にしようと心に決めていたことがありました。それは、人とのコミュニケーション。高校時代も色々な人たちと友達になりましたが、その2倍も3倍も、他人と交わろうと考えていました。

そのためには一生懸命勉強もするけれど、楽しそうなことの誘いも断らないと決めていました。藝大生や音大生は、「忙しいから」と、そうした勉強やレッスン以外の誘いを断る人がわりと多いのですが、私は、どんなに課題に追われていても、試験前でも、誰かからの誘いは絶対に断らない、と決めたのです。

単に、遊んだほうがいいと言っているわけではありません。それくらい人生をエキサイトして、人とのコミュニケーションを深く広くとっていかなければ、良い表現は作れない。良い音楽は書けない気がしたのです。ひとつのことだけにフォーカスして、それだけを深く掘るほうが一見効率的に見えますが、それでは案外、限界が早く来るものです。人との繋がりが、自分自身にたくさんの可能性を運んできてくれると、私は身をもって知っていますから。

34

「レールの上を歩いてこなかった」から見えること

ただ、「自分はまだ何者でもないんだ」「何も成し遂げていない」という感覚――15歳の時に、藝大を目指すきっかけになった感覚は、藝大生になっても、まだ拭い去ることはできませんでした。

それは、藝大が想像以上に、整えられた世界だったからです。

入学した私が最初に感じたことは、「ここにいるほとんどは、私とは全然違う人生を歩んできた人たちなんだな」ということ。先にも書きましたが、藝大の学生たちは、子どもの頃から人生のレールが敷かれている人が少なくありません。特に音楽学部はその傾向が強いのです。私のような子ども時代を過ごしてきたり、高校から音楽の道にきた人はほとんど見当たらないと言ってもいいくらいです。

プライドも自信もあって、実力もあるのですが、なんだかみんなギラギラしているように私の目には映りました。「今、藝大にいるのは全部自分の努力で得た結果ですから」と全身で主張しているようなそのギラつきに、どうにも馴染めません。

そうした嫌な雰囲気が垣間見えてしまう部分はたくさんありました。

そもそも若者なんて、みんなそんな感じだと言えばそれまでなのですが、でも私は、すべてきちんと整えられた道の上を、誰かに言われた通りに歩くことは機械でもできる。むしろ機械のほうが上手いんじゃないかとすら思ってしまいます。もちろん苦労は誰もが相応にしたと思いますが、ただ言われたことを、言われた通りに反復してきただけだとするなら、自分の意見を持って生きているわけではないのではないか、と思うのです。

このことは自分自身にも当てはまることでした。

他人の痛みに寄り添うということ

私や、私が通っていた高校の同級生のように、生きていく上で、自分のことを理解してもえらない、環境的にも理解を得られない、経済的な事情で教科書すら買えない……そういう人生の理不尽と何とかして共存しながら生きている。世界にはそういう人たちが、たくさんいます。藝大にいる一部の〝いけ好かない〟人たちは、そうした人がすぐそばにいる、〝世界〟が外側にあることを知りません。彼らに私の高校時代の友達の話をしても、「それって、現代の話？　日本の話？」というような反応をされたことも。

そういう状態の人は、他人の痛みに寄り添うことはできません。

どれだけ上手かったとしても、人の心や思いがわからない人の音楽は人に伝わることがないのです。

音楽は人間性が表れるもの――いや、その人自身そのものです。人の気持ちや痛みがわかる人ほど魅力的であるのと同じように、そうした人が奏でる音楽もまた素晴らしいものになる。

肩書や経歴に、ことさらにフォーカスすることで人を判断したり、「コンクールで賞が獲れなかった……」なんてことでグチグチ悩んでいる人たちを見ていると、どうしても強い抵抗や違和感を感じてしまうのです。

「なんて、くだらないんだろう……」

憧れ続けて入った藝大には、そういった意味でわかりあえない人が少なくなかった、というのは私にとってとても残念なことでした。

それなのに。その中で、そうした人と〝同じよう〟に自分自身もまた「何も成し遂げていない」と悶々としていました。大学入学当時、2浪していた私は20歳でした。「20歳になったのに、成人したのに、何も成し遂げないまま20歳になってしまった」入学早々、焦りにも似た悔しい気持ちを抱えていたことを、今も覚えています。

藝大でも〝書きたくない曲〟は「やっぱり書けない」

ほかにも藝大が持っている〝空気〟に対する抵抗感や違和感のようなものは、学びの中でも感じることがたびたびありました。

私が在学していた時の作曲科の雰囲気は、歴史や伝統、知性をとても大切にするような感じでした。もちろんそれ自体は素晴らしいことなのですが、それが時に、少し行き過ぎているような気がすることもあったのです。

講義中にふいに先生から、「作曲家のブーレーズの○○知っていますか？」と尋ねられた時に、「知りません……」と答えただけで「そんな、知らないなんて！」と絶句されてしまうようなことも。知らないということや知らないという人を、少し見下すような空気がありました。

逆に言えば、「知っている」ということに対して、一人前の作曲家としての責任が強く求められていたということかもしれません。

藝大の基準

そうした作曲科内の〝基準〟は、作品や学生を評価する〝方向性〟にも表れています。

藝大作曲科は学科全体として、評価されやすい方向性が明確に存在します。「こういう音楽家を育てる」という意識がとてもハッキリしていて、ある基準を決めて、「ここを教えていく」というラインがしっかりと引かれているのです。そうすることにも意味があって、まずその基準や枠を身につけることによって、それ以外のことも理解できるようなります。そのためにまずは基準を強く求められるのです。

私が書く曲のそれは、どちらかと言えばそうした基準からは、評価されにくいものでした。私が書きたい作品の方向性と、学科が「こういう曲を出して欲しい」という方向性が、まったく合っていなかったということです。

入ってみたら合わなかった、というのは正直かなり地獄です。

私が曲を書いていくと、

「好き勝手にやっているみたいだけれど、これはなんなの？」

それではと、今度は歴史的な作曲家の技法を自分なりに再解釈した曲を書いて持っていくと、

「いや、これはもう今までやられてきたことでしょ？」

「よく勉強してきたのはわかったけど、一体あなたは何がしたいの？　あなたのオリジナリティはどこにあるの？」

こんなふうに、なかなか評価を得ることは難しい。もちろん、先生方も意地悪で言っているわけではありません。ただ、自分の作風とは特に相性が悪かった。

また、一部の優秀な人たちの中には〝スポ根〟的な部分を強く持っている人もいます。作曲科は意外ですが、昭和体育会気質が残っているのです。

「ツラい時は、一日中作曲して音楽に打ち込めば乗り越えられる！」

こんな根性論が、わりと普通にまかり通っていて、そうしたところも、「合わないなぁ」と感じるひとつでした。

自分の信じる音楽をやる

当然、学科内で全然評価もされません。評価されないと、やっぱり楽しくありません。曲を書いて先生のところへ持っていくことがだんだん減っていき、進級作品の提出前だけ、ちょろっと顔を出して、パパッと急ピッチで曲を書いて何とか誤魔化す……ような。真面目な学生ではありませんでしたし、先生方からも〝気合いの入っていない学生〟と見られていたかもしれません。

ただその分、別のことに全力を注いでいました。大学内で合唱団を自ら作ってメンバーを集めて、自分が好きに作った曲を、自ら企画したコンサートで発表する、という活動が私の学生生活の中心になっていきました。そのほうがずっと面白かったんです。今振り返れば、ずいぶんと生意気ですが、そういうことこそが、音楽家としての実践であり、大事な学びだと信じてもいたのです。

「先生から気に入られるためだけ、良い評価をもらうためだけの曲は書きたくない」

「自分が信じる音楽を、自ら考えて学んで進んでいくしかない……！」

〝三つ子の魂百まで〟ということわざがありますが、基本的なスタイルは大学生になっても、不登校の頃と少しも変わっていなかったかもしれません。

学内で評価を受けられない分、作った作品を学外の作曲コンクールに出品もしていました。そうした曲で賞をいただいたことも何度かあり、学内で良い評価を得られない分、外部から評価されることが、自分への励ましのように感じられる部分もありました。

「しっかり自分の曲は書けているから大丈夫……！」

そういった意識が自分の支えにもなりました。

36

音楽家として〝食っていく〟ために「何をすべきか考える」

幸か不幸か、それが良かったのか悪かったのかはわかりませんが、藝大では不登校の9年間の独学独習の経験が活かされたと思うのです。

そもそも何かを学ぶということには2種類あります。あらかじめ答えがあるものに狙いを定めて積み上げていくものと、何かわからないものに対して、自分なりに掘り進め掘り下げていくものと。端的に言えば前者が勉強であり、後者が研究ということになるでしょうか。両者は大きな差がありますが、私自身はどちらも苦手ではなく、それなりにどちらもこなせるほうだと思います。ただ、適正があるのはどちらかと言えば、それはきっと自ら掘り進め掘り下げていくほうの学びです。

これは適正があるというよりも、6歳から15歳までホームスクリーングで育ってきたことが、上手く結びついているという気がします。家でたったひとり、何度も図鑑や学研の教材を読み込んでいたことが原点にあるんです。偶然かもしれませんし、結果論ですが、自ら学ぶ力が自然と備わっていったのだと思います。

〝まずはゼロから自分でやってみる〟ということにも、抵抗がありません。私は、藝大のスタイルや空気は残念ながらあまり合いませんでした。でも、さまざまな楽器を弾ける友達や声楽家の仲間たちが身近にたくさんいて、彼らと一緒にコンサートを企画したり運営したりすることは、とてもエキサイティングな体験でした。自分の好きなことを見つけて、それを掘り下げていくことを続けていけたのは、ホームスクーリングのおかげです。

音楽家の厳しい現実

藝大在学中のかなり早い時期から、〝卒業後〟のこと――「プロとしてどう食っていくのか？」を考えられたのも、そのおかげかもしれません。

せっかく藝大に入っても、卒業した後は音楽を辞めてしまう人が決して少なくありません。人生は藝大に入ったら〝あがり〟ではありません。そこから先、「どうやって音楽家として食べていくか」が肝心なのですが、決して簡単ではありません。

私が大学でピアノを習っていた先生は、藝高→藝大→藝大大学院→留学……という音楽家としての王道のキャリアを歩んできた方ですが、その先生曰く、

「当時20人近くいた仲間のうち、今もピアノを弾き続けているのは、もう数人しかいない」

藝大でもそうした状況ですから、それだけ、プロの音楽家として生活していくこと

はひと筋縄ではいきません。

何の疑問も持たずに音楽だけをやってきた人の中には、藝大という居場所を失うと自分が何をどうしたらいいのか、わからなくなってしまう人もいます。それは藝大も先生方も教えてはくれません。結局、音楽とは無関係の会社や団体に就職したり、あるいは音楽家とは名ばかりでアルバイト生活をしたり。就職することは決して悪いことだとは思いません。ただ、せっかく好きで続けてきたものを簡単に手放してしまうのは、やはりもったいないと思うのです。もしかしたら、ネットやコミュニティを活用できれば、仕事を繋いでいく方法を見つけることもできるかもしれません。

先ほどの友達とのコンサートも、音楽家としてやっていくための学びがたくさんありました。

藝大ですから、学生といえどもひとりのアーティストです。こうしたコンサートでは基本的に対価＝ギャラが発生します。そこをどうやってやりくりするか。チケットの売り上げを計算したり、助成金を調べてみたり、どうやって資金を確保するかを考えることも重要な勉強です。

また、相手との関係性次第ですが、場合によっては、

「じゃあそれを手伝うから、今度代わりにこっちをやってくれない?」

と、能力を提供し合うこともできます。

そうやって仕事をしながら築いてきた関係性は、卒業した今でも続いています。

教室では得られない学び

コンサートを企画したりするうちに、お金自体について考えることも増えてきました。

そもそも一部の音楽家や商業のルートを除いて、音楽業界全体としてはお金が潤沢に流れているわけではありません。

元々少ないお金を、仲間内、内輪で回し合っていても税金や経費などで、どんどん目減りしていってしまうだけなのではないでしょうか。

「演奏して聴いてもらって、外からお金をもらったほうが絶対にいいはず」

演奏することに対価が支払われるという考えは、大学1年生の終わり頃にはもう芽生えていました。そうやって演奏活動やコンサートを企画する中で、「安売りをしちゃダメだな」と気づくことができたりもするのです。実践の中の学びです。

「音楽家、作曲家として食っていく」ということにも、早く触れることができました。

音楽家は、演奏家ならオーケストラなどの団体に、作曲家であれば音楽制作事務所などに所属する場合を除いて基本的にはフリーランス。卒業したら、すぐにひとりぼっちですからそれまでに、「開業届は必要？」「確定申告はどうするの？」……等々、学んでいかなければいけない現実的な問題が目の前にたくさん出てきます。

本来は4年間というリミットがある中で、それをひとりひとりが模索していく必要がありますが、実際は課題に追われる忙しい学生生活の中では、準備ができていない場合がかなり多いのです。

私は、母が自営業でピアニストをやっていたことで、なんとなく「確定申告というものがあるらしい」と知っていましたし、実際に実践経験を得る中で、よりお金の問題について考えるようになっていきました。この時の経験は、卒業後、フリーランスとして働きだしてからも役に立っています。

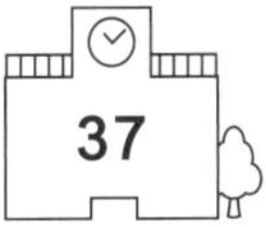

どんな時でも「見てくれている人」は必ずいる

自分なりに忙しく学生生活を送ってはいましたが、それでもやはり、学科内では一向に評価されないという悔しさや悲しさ、苦しさは、4年間ずっと消えることはありませんでした。大学3年生になる頃には、すっかり〝問題児〟として扱われるようになっていました。講義やレッスンに出ていても、同期と話をしていても、居心地が悪いのです。

「内田君はいい曲書くのにねぇ」

そう慰めてくれる心優しい人も周りにいるですが、それにもイライラしたりしていました。

「なんで自分のないヤツが小手先で書いた曲が評価されるんだよ……」

今であればもう少し相手のことも理解できたのかもしれません。藝大として培ってきた歴史の中で譲れないもの崩せないものもあるでしょう。制約がある中でも上手く周りとやっていく術を考えたかもしれません。でも、当時の私はまだまだ未熟でした。

最大の理解者・野平先生

そんな中ですが、味方がいなかったわけではありません。たった1人だけ、私を理解してくれた先生がいました。

3年生まで作曲を教えてくださった野平一郎先生です。現在は、東京音楽大学の学長をしていらっしゃるのですが、藝大を退任される前の最後の3年間、私は幸運にもその野平先生に作曲を習うことができました。

野平先生は、ひと言で言うと懐の深い、器の大きい方で、藝大作曲科で長く教鞭を執られていた中にあって常々こうおっしゃっていました。

「私はキミたちに対して、〝何か書け〟〝こうしろ〟と言うつもりは毛頭ありません。自分の好きなものを真剣に書きなさい」

その言葉のおかげで、私も野平先生のレッスンでは、遠慮せずに好きな曲を書いていました。不真面目な私をとてもよく見てくださって、先生からは音楽の技術よりも、音楽家として生きることについて実際に活躍される先生の背中を通して教えていただいていた気もします。言葉通り譜面についても事細かに指導することはほとんどなく、ほかの先生なら、「ここを書き直してきなさい」と一刀両断にしそうなところでも、野平先生は、わかるような、わからないような、でも核心をついた投げかけをしてくださるのです。

私の書きかけの合唱曲の譜面をレッスンで見ていただくと、ひと言ポツリと、

「もうちょっと〝響き〟を探したほうがいいね」

響きってなんだろう？　と思わされる。しかし、その〝響き〟というものが何か自分で掴めると、自然と次のステップに進んでいる。

「音楽家なのだから、まず魅力的な〝自分だけの音〟をしっかり見つけろ」

という先生の考えから出る言葉だったのかなと思います。

今振り返ると、時折、私の言動が原因で作曲科内で先生方ともぶつかってしまうこともあり、野平先生には、たくさん迷惑をかけてしまいました。

それでも野平先生は最後まで、私を１人の音楽家として尊重してくれました。

38

ひとりぼっちで抗い続けると「心は壊れてしまう」

「ひとりで勝手に、自分の音楽、好きな音楽を作っていければいい」

そう思って必死に頑張っていましたが、やはり少しずつ、だんだんと追い詰められていたのかもしれません。

4年生になった私は、とうとう心を壊してしまいました。鬱になってしまったのです。ある意味で特殊な閉鎖的とも言える藝大では、作曲科以外でも私のように追いつめられてしまう学生が毎年のように出ます。私の先輩にも、とても優秀だったのに大学院に行ってから、周囲と合わなくなって途中でドロップアウトしてしまった人もいました。

藝大や音楽の世界の中でも、4年間上手くやっていくある種の処世術のようなものは必要です。というのも、藝大は、やはりクラシック音楽業界全体に対しても大きな影響力があるからです。卒業後も音楽で食っていこう、その道で生きていこうと考えると、たとえばコンクールに作品を出す時に、もし、在学中に問題を起こしていれば「あの時の内田か」なんて心証が悪くなってしまう可能性もゼロではありません。

やはり、どうにかして折り合いをつけてやっていく人が多いのです。ほとんどの学生はそうやって、4年間をやり過ごせるのですが、私にはそれができませんでした。

コロナ禍で見えたこと

そしてもうひとつ、〝コロナ〟も私の心に影を落としました。

ちょうど大学3年生から4年生にかけて、コロナウィルスによる世界的パンデミックが起きました。世界中、日本中がパニック状態に陥ってすべての機能が停止し、日常が一変したことを皆さんも覚えていると思います。

街はロックダウンされ、外出することも集まることも誰かと会話することもできません。コンサートやリサイタルといったあらゆる音楽活動も事実上禁止され、多くの楽団や音楽家たちが活動の場を失いました。

それは藝大も例外ではありません。学校の講義はすべてオンラインに。

普段ならば、学生が自由に使える練習室は完全封鎖になりました。学内に何十台も設置されているピアノも使えません。ピアノ科の学生ならば、皆、自宅にピアノを持っているからまだ自宅で弾けますが、作曲科や副科でピアノを学ぶ学生で自宅にピアノがない学生はまったく練習できません。生きがいだと思って続けてきた合唱団も、一切できなくなってしまいました。私が出るはずだった、演奏会形式の作品審査会も中止になりました。

学校の勉強だけを、しかもオンラインだけで誰とも会えない中でやらなければいけない。プライベートで外出しようにも世の中すべてに制限がかかっている。

たくさんの人とコミュニケーションをとることで、ここまで何とかやって来られた私にとって、「人と会えない」ということは何よりもツラいことでした。

「もっと冷静になったほうがいいんじゃないんだろうか?」

世の中、そして人々が冷静さを欠いてしまって、物事をきちんと受け止められなくなっていることや、誰かに自分のやることを決められてしまうことに対する苛立ちだけでなく、藝大をはじめ学校教育全体への怒りもありました。

「学校が私たちをこうやって制約するのは、結局、自分たちの身を守りたいだけ。教育機関として問題を起こしたくないだけなんだろうな」

「問題になった時、誰もその責任も取りたくない。だから〝あなたたちは自粛してください〟と言っているんだな……」

それが本当に嫌で仕方なかった。もちろん、国立大学としての立場や、何より学生の命を絶対に守らなくてはいけない、そうした考えがあったゆえだとは思います。

ただそれでも、苦しい状況の中にいた、いち学生としては、

「自分たちでしっかり考えた上で、何をするか選択しなさい」

そういう言葉が聞きたかった。

もちろん、当時の状況を考えればそれは不可能だったと思いますが、藝大側のアクションは、私をがっかりさせるのに十分でした。実際に、学外で小さなコンサートをやろうとするだけで、「〝クラスター〟になったら誰が責任を取れるんだ。やめなさい」

という圧力もありました。

「あぁ、自分たちは大学から大切にされていないんだな」

そのツラい不条理な時間を、3年生の1年間は何とか耐えられたのですが、4年生の後半になっても終わりの見えない状況に、一気に心がしんどくなってしまったんです。必死に頑張ろうとしても、頑張れない。前に進もうと必死に水をかいているのに、体は前に進むどころかどんどん重くなって、いまにも溺れてしまいそうな……。息苦しさが常にまとわりついているように感じました。コロナ禍当時、私のように心身のバランスを崩してしまった学生は、決して少なくなかったと聞きます。

言葉は暴力になる

こんな苦しさは、不登校の時代にも浪人時代にも味わったことがありません。ある日、ひとりで抱えていることに耐えられなくなった私は、藝大の卒業制作の指導教員である先生に苦しい胸の内を打ち明けました。

「コロナのせいで、本当にしんどくてツラくて……」

何かアドバイスや助けが欲しかったわけではありません。ただただ、誰かに苦しみを聞いてもらいたかったのだと思います。先生は、こう言いました。

「キミだけじゃないんだ。みんな大変なんだよ」

ほかのすべての人がそうであるように、この先生もコロナの中で、歯を食いしばって踏ん張っていたのだと思います。とてもストイックで実力を備えた音楽家でしたから、それができるだけの力もあったのでしょう。でも、自分がそうだからといって、誰もが同じようにはできません。

言葉は時に、暴力にもなるのです。

「あなただけじゃなくて、みんなそうなんだから」という考え方は、小さい頃から一番相容れない考え方です。その人の〝痛み〟に寄り添えていない。ただ自分の価値観を押し付けているだけです。人の〝痛み〟は、個人的な体験であり、それは比較すること自体ができません。だからこそ大切にしなければいけない、尊くもある感情だと思うのです。

気持ちはどんどん沈んでいって、塞ぎ込む日が増えていきました。病院に行って、抗鬱薬も飲むようになると、もうとうとう限界が来てしまいました。卒業を目の前に控えた頃です。その先生に「留年してしばらく休みたい」と相談しました。すると、「こんなところにお金を払って、もう1年いてどうするの？　時間の無駄だから卒業したほうがいいよ」

「キミみたいに将来が不安だと思ってしまう人は、音楽で食っていくよりも就職したほうがいいんじゃない？」

もともと厳しい物言いの先生なのですが、私にハッパをかけようと思ったのかもしれません。普段なら私も「なにくそ！」と反発して立ち向かっていったはずですが、気力も意欲も自信もメンタルが落ちるところまで落ち切ってしまっていたので、その言葉を全部そのまま受け止めてしまいました。

「……本当に先生の言う通りだな……」

未完成の卒業作品

ここでさらにタイミングが悪いことに、藝大大学院の入試にも落ちてしまいました。私は音楽研究科ではなく、畑違いの〝映像研究科〟を受験したのです。コロナ禍の中、ほとんどできなくなってしまった音楽に代わる別の〝何か〟を見つけるためにもがいた結果でしたが、音楽学部から同じ大学とはいえ、まったく違う領域の大学院に進むケースはほとんどありません。そもそも領域が違うので、どれだけ音楽的なバックグラウンドがあってもその部分は評価されませんから、進学すること自体、難しいのです。覚悟はしていましたが、やはり厳しい結果になってしまいました。

「あぁ……なんだか全部上手くいかないな……」

留年も許されず、大学院にも落ちて、最後はほとんどキャンパスにも行けないような状態で藝大を卒業することになりました。

当然、卒業作品も納得がいくもの……どころか、まともにすら書けずに、半分くらいまでしか書き上げていないところで〝終止線〟を引いて、無理やり終わりにして提出しました。

成績はギリギリの「可」。

普通なら「不可」を食らってもおかしくないヒドい作品でしたが、卒業でした。もしかしたら先生たちも「もう一度、4年生をやらせたとしても、彼は藝大に合わないだろう」と思っていたのかもしれません。私は放り出されるようにして、藝大を出ていきました。

3章

無職ニートから作曲家になるまでに「考えていたこと」「やってみたこと」

倉庫作業で思い出した「人生を自分らしく生きる」

ボロボロになりながら、なんとか藝大は卒業しましたが、単に〝卒業した〟というだけで、それからまったく何もできませんでした。ただただ家に引きこもっているだけの生活です。

薬を飲んでいましたが、なかなか状態は良くならないまま。朝、ベッドから起きようと思っても体が重くて重くて起き上がることすらできません。急にツラくなってポロポロ涙が出たかと思うと、一切の感情がなくなったり……。そんな日々が続きました。

それでも、3か月ほど引きこもりニート生活を続けていると、焦りのような気持ちが自分の中に湧いてきました。

「こんなんじゃダメだ。何かして働かなきゃ……」

実家住まいですから、三度の食事にも寝る場所にも困りませんが、大学時代に貯めていた貯金もだいぶ少なくなっていました。

「ちょっとアルバイトをしてみようかな……」

自暴自棄にもなっていたので、仕事は何でも良かった。少しネットで検索すると、すぐに宅配便の倉庫作業のアルバイトが見つかりました。倉庫に送られてくる〝要冷凍〟の配送品をコンテナに載せてトラックに積み込むという肉体労働です。

これが、やってみると本当にキツいのです。

朝、自宅の最寄り駅から1時間ほどかけて海沿いの工業地帯にある倉庫へ行って、9時から13時まで、休みなく荷物を捌き続けます。商品が満載の背丈よりも大きな冷凍コンテナには、これも大きなキャスターがついています。それを押してトラックまで運ぶ、という仕事です。倉庫内は運ぶルートやルールが細かく決まっているのですが、どうにもどんくさい私はあちこちコンテナをぶつけながら違う道を通ってしまい、度々先輩バイトの人に「お兄ちゃん！　そっちじゃないから！」と怒られます。慣れない作業で全身筋肉痛にしながら4時間汗だくでみっちり働いて、バイト代は4千円でした。

大学院で学びほぐし

倉庫からの帰り道、工業地帯の中の殺風景な道を、とぼとぼ歩いて駅まで向かいます。道端に生えている雑草を眺めながら、私は自分に問いかけました。

「こんなに怒られて4000円をもらう人生って……」

「何のために生きているんだろうか……？」

その時です。

頭の中に、一瞬、声のようなものが聞こえたのです。

「自分の人生を、ちゃんと、自分らしく生きなさい」

大学生活4年間の中で、それまでの人生とは違ったプレッシャーを感じていたのかもしれません。「学生はこうしなきゃいけない」「作曲はこうでなければいけない」と、学校や周囲の環境――他人から明確に指示され続けたせいか、すっかり影を潜めてしまいましたが、本来の私の良さは、〝周りを気にせず、自分らしく生きていること〟じゃなかったのかと、気がついたのです。

それをどうやったら取り戻せるのか。

「周りの目なんて気にしないで、とにかく自分の好きなことを、ひたすらやるしかない……！」

とにかく好きなことに没頭して1回元気にならないと、人生の再スタートが切れない。

「じゃあ、自分にとって好きなこと、自分ができることって何だろう……？」

私は、小・中学校と9年間学校に行かず、不登校の子どもたちとの交流の中で育ってきました。高校では、働きながら学ぶ人や家庭環境が荒んだ人たちと出会い、藝大では、作曲を、音楽を一生懸命に学んできました。

「こんなふうにたどってきた線を繋げられるものは何だ……？」

そう考えていくと、自然とひとつの答えが浮かんできました。

「音楽で、芸術で人に寄り添っていくことこそが、自分のやるべきことなんじゃないのか」

孤独や苦しみ、痛みや悲しみを抱えている人の〝居場所〟になることのできるような、共に生きていくための表現。

それが私だからこそできること。人生の大切な意義だ。そう思ったのです。

それを実現するためには、作曲、いや、音楽だけにこだわらずに、芸術というものをもう一度しっかりと、〝学びほぐす〟ことが必要です。そして、それを実行するために何か目標を明確にしなければいけません。

「よし、大学院へ行こう。もう一度、大学院を受験しよう」

「それまでに、音楽で何かをしよう」

落ちてしまったら、それはその時。フリーランスの音楽家としてこのまま頑張って目標を達成する道を考えればいいわけですから、とにかく試験を受けるのは、

「これっきりにしよう」

肚が決まると、殺風景な乾いた帰り道が、何だかいつもより色鮮やかに見えてきました。目の前にずっとかかっていたもやのようなものが、一気に晴れていくような気がしたのです。

40

〝自分は作曲家〟と決めたらすぐ「生徒募集」「クラファン」「アルバム制作」

「自分なんて、何の価値もない人間だ……」

そう思い込んでしまうほど、大学で追い込まれたまま卒業してしまったことで、一生懸命やってきた音楽というものが頭に浮かばなかったのです。その得意なアイテムを使うことを、自分の好きなことをしてお金を稼ぐということを、私はすっかり忘れてしまっていたんです。

「そうだった！　この力を使って働くことができるじゃないか……！」

そう思い出した私は、すぐにSNS上に「作曲教えます」という募集を投稿しました。また、ネットで検索して見つけた音楽教室の音楽講師募集にも応募。すぐに採用されました。そのままの勢いで、今度はこれまでの経歴などをまとめた自分のホームページも作成しました。

とは言え、生徒が本当に集まってくれるか不安でしたが、募集を始めて最初の月に、「作曲を教えて欲しい」という人が2人来てくれました。引きこもり無職ニートからの、いきなり生徒2人です。レッスン費は〝1時間5千円〟。これも概ね相場が決まっていて、決して安くはありませんが、さりとて高くもないというラインなのです。

2人のうち1人は現役の藝大生でした。その生徒はこれまでも私の書いた曲を聴いていた、という人でした。

「内田さんが作る曲が好きで、習いたいと思っていたんです」

当時の病み上がりの私にとって、この言葉はどんな薬よりも効きました。「誰かが聴いてくれていた」「好きだと言ってくれた」ということは、自分自身が認められた気がしました。もう1人も学生でした。別の音大に通っていて、作曲科ではなかったものの、本人は「ずっと作曲を学びたかった」というのです。もちろん、私は来るもの拒まずですから、通ってもらうことにしました。

レッスン希望者は、毎月少しずつ増えていきました。受け持っているのは大学生だけでなく、音大や藝大受験志望の高校生、そして社会人と様々です。意外にも社会人の生徒も多く、「昔、音楽をやっていたけれどもう一度、きちんと学び直したい」「趣味として、作曲できるようになりたい」という人が、世の中にはかなりいるのです。生徒が様々ですから、教える内容もレベルも様々です。

藝大や音大の作曲科受験をしたい高校生や高卒生には、受験対策のための作曲を指導します。まさに、自分が受験生当時に教わってやってきたことを、私なりにさらに噛み砕いて教えるようにしています。大学生には、より高度で自由なライティングを、社会人の人には個人のニーズに合わせて教えます。基礎の〝キ〟の字もない人には、楽譜の読み方など初歩から教えたり、弾き語りがやりたいという生徒には、それに必要な知識を教えたり。

２０２４年現在、受け持っている生徒は10数人ほど。春には嬉しいことに、指導していた生徒が２人、藝大の作曲科に合格しました。

クラファンでアルバム制作資金を調達

同時期に、もうひとつ始めたことがあります。クラウドファンディングです。

私には藝大を卒業した時、そして卒業した後も悔やんでいたことがありました。それは、卒業作品を最後まで完成させられないまま卒業してしまったこと。学生生活の集大成を、作曲している途中で「もう書けない」と無理矢理終わらせてしまったということが、ずっと心に引っ掛かっていました。思い返してみれば、卒業作品だけではありません。これまで、自分の〝代名詞〟となるような大きな作品を発表したこともありません。藝大に入学した20歳当時に抱いた焦燥感――「自分はまだ何も成していない」というところから、４年以上経っているのにです。

「あの頃とちっとも変わっていないじゃないか」

その時、ふと思いついたのです。

「そうだ……！　思い切って自分のアルバムを作ってみるのはどうだろう」

もちろんそれは私にとっても初めてのチャレンジ。記念すべきファーストアルバムということになります。60分前後のアルバムともなれば、それなりの曲数を収録する必要があります。でも幸いなことに、私の手元には今まで作り溜めてきた曲がいくつもありました。

「これは逆にチャンスかもしれない。このタイミングでしっかりとモノ作りに打ち込むことは、今の自分にとってすごく意味のあることかもしれない」

過去に決着をつけるという意味でも、この先、音楽家としての未来に向けての宣戦布告、宣言でもあると思いました。

私はそれまでずっと、基本的に〝現代音楽〟という枠組みの中で曲を書いていました。でも、その現代音楽は、一般世間からすると耳馴染みのないジャンル。不協和音ばかりで難しいイメージがありますし、それどころか現代音楽というものがまったくわからない人のほうが多いでしょう。少なくとも、現代音楽だけを真っ先に好んで聴

くような物好きは、あまりいません。でもそうした中だからこそ、

「現代音楽は、いろんな表現が成立するジャンルなんだ」

「そして、こんなやり方もあるんだよ」

と世の中に発信していくことに、意味があると思ったのです。噛み砕いて言うならば、現代音楽と聴き手をもっとダイレクトに繋げていくこと。それを自分の作品を通して伝えていけるのなら、それはいかにも私らしいチャレンジだと思いました。

「アルバムを作るぞ！」と意気込んだまでは良かったのですが、先立つものがありません。アルバムを自主制作をするとなれば、最低でも数十万円ほどは制作費が必要になります。でも、銀行口座にある貯金は20万円だけ……。そこで、クラウドファンディングでその資金調達をしてみようと考えたんです。

《新しい現代音楽のCDを作りたい。誰もが親しみを持てるメロディのある現代音楽。その豊かな可能性を知ってもらいたい。オーディエンスとダイレクトにつなげていくCDを作りたい》

クラウドファンディングのサイトに登録して、そんな決意表明をつけてプロジェクトをスタートさせました。目標金額は50万円。楽器のレンタル代や調律代、収録のス

タジオ代にレコーディング代、演奏者のギャランティ、CDのプレス代にジャケットのデザイン代……見込み予算を積み上げていくと、50万円でも制作費としては最低限のラインですが、それすらも達成できるかどうかはわかりません。

クラウドファンディングには、〝3分の1の法則〟があるそうです。どんな目標金額でも3分の1は友達や知人、3分の1はその友達から紹介された人によって、残りの3分の1がプロジェクトに共感して応援してくれる見ず知らずの人たちが支援してくれるのだそうです。

受け取った期待の重さ

このプロジェクトもフタを開けてみると、高校時代や藝大の友達や知り合いだけでなく、本当に見ず知らずの方々が私に賭けてくれたのです。藝大時代、私に厳しい言葉をかけた先生までも支援をしてくれました。

結果、目標の120％――60万円もの支援をいただくことになりました。

嬉しさもありがたさもありましたが、同時に、本当に多くの人たちが、駆け出しもいいところの音楽家に期待してくれたということ自体に、その期待の〝重さ〟に、身が引き締まる思いがしました。

「これはもう妥協なんて許されない。自分の持てる力をすべて使って良いアルバムを作るしかない」

2022年7月から制作作業をスタート。8か月間、文字通り寝食を忘れてアルバム制作に没頭しました。支援していただいた分だけでは足りなくて、自分の貯金をはたき、借金までもして40万円を追加資金に充てることになり、結局、総額およそ100万円の費用がかかりました。きっと、これからの音楽家人生でも、この経験は忘れられないものになるでしょう。

2023年3月、記念すべきファーストアルバム『Prayer』をリリースすることができました。私なりの、1年遅れの卒業作品でした。

心身のバランスを崩していた時間。これも決して無駄ではなかったと思うのです。ベッドから起きられず、出掛ける気力も働くエネルギーも失われてしまったほど、ツライ経験でしたが、自分の音楽に対する気持ちを見つめ直すことができたのではないかと思います。そのおかげで、多少無理矢理にでしたが作曲家として一歩を踏み出せたわけですから。

新しい学びのためには「飛び込む覚悟がいる」

決して多くはありませんが、一応、音楽家としての収入だけで生活もしていけるようになり、作曲家としてアルバムも出すことができました。

バイト先の倉庫から帰り道に立てたもうひとつの大きな目標——藝大大学院を再受験する時がやってきました。現役時代にも受けたことは先に書きましたが、その時に私が志望したのは大学の続きである音楽研究科ではなく、映像研究科。その時に興味を持ち始めていた、音楽と言葉の絡み合う領域横断型の創作のために、脚本を学ぶことができる映像研究科を志望していましたが、音楽から移るには、あまりにも準備不足、完全に勉強不足で失敗していました。

ところが、私が志望したのは今回も音楽ではなく別の研究科でした。大学院美術研究科のグローバルアートプラクティス専攻——通称〝GAP〟です。現役時の二の舞になってしまいそうですが、今回の受験にあたっては、しっかりと自己分析を重ねました。

「どんな音楽家、アーティストになりたいのか」

「そのためには何を学ぶ必要があるのか」

その上で、「ここしかない」とGAPを志望先にしたのです。

GAPは、2016年に開設された藝大の中ではとても新しい専攻で、枠組みの上では美術研究科の中に位置するイチ専攻ですが、その実情は多様です。絵画や彫刻を作る人、写真や映像を撮る人、ダンサー、詩人、キュレーター……そして、さらに私のようなミュージシャンまでもが一堂に会し、互いにはまったく違う文化や価値観を持ちながら、影響を与え合い、時には喧々諤々に意見をぶつけ合いながら、創作と対話を続けていくための場所です。

また藝大内では唯一、「英語を共通語」として使用していて、すべての講義や活動は英語で行われます。留学生が約半数を占めるのも、GAPならではの特徴です。

不登校は自分の武器になる

自分の将来を考えた時、音楽家、作曲家として活動したいのはもちろんなのですが、同時に、もうひとつ果たしたいことがありました。

それは、不登校の子どもたちのように、孤独を抱えている人たちのための居場所を作ること。

芸術というものを通じて、かつての私と同じように心に孤独感や痛みを抱えている人、居場所がない人、生きづらさに苦しんでいる人に寄り添うことができたら――。

「それはきっと、9年もの間、学校に通うことをしなかった私にしかできない仕事に違いない」

GAPでは、そのために必要な知識や社会とアートとの関わり方を広く深く探求することができると感じたのです。

GAPの入試は、自らをアピールする〝ポートフォリオ〟を中心とした提出書類の審査と面接です。

教育におけるポートフォリオとは「その学生を評価するための資料集」。美術系のポートフォリオとなると、これまでの経歴や受賞歴を書いて、さらに自分が発表したり制作した作品を掲載するのが一般的です。でも、私の経歴は美術ではなく音楽。「こんな曲を作りました」と楽譜をつらつら載せても、「こんな賞をもらいました」なんて受賞歴を書いたとしても、あまり意味がありません。そもそも、紙に音楽を乗せることはできませんし、何よりそんな自己紹介定型文では、きっと読むほうも面白くありません。

「じゃあ、どうしようか……?」

「自分という人間を、一発でわかってもらうには……？」

私が「これにしよう」と選んだのは、私自身が持っている私だけのストーリーを書く、ということでした。

そう、不登校から私がどうやって歩んできたのかを書く、ということでした。

受賞歴は最後に、おまけ程度に小さく載せるだけ。思い切ってポートフォリオの冒頭数ページを割いて、ホームスクーリングから大学卒業まで、鬱になって、それから自分の生きる意味を真剣に考えて、アルバムを出すまでのすべてを書き記しました。

「だからGAPに来たんだな」というのが伝わるように。

そして「コイツ、面白いな」と思ってもらえるように。

私という人間を見てもらって、そこで勝負しようと思ったのです。

42

「圧倒的な熱量」だけが人の心に働きかける

そうは言っても、それでGAPに合格できるかどうかは完全に〝賭け〟でした。

そもそも音楽系出身の私が、美術系の専攻で受け入れてもらえるのか。現役時代の院試はそれで見事に失敗していましたから。

そしてもうひとつ、大きすぎる不安材料がありました。

「英語」です。

GAPでは、英語を共通語として扱う以上、講義や課題の提出、学生同士の普段の会話が英語になるのはもちろん、この入試で行われる教授陣との面接も、当然のように英語です。

大学入試時代、センター試験をかろうじて突破した後、作曲科の学生だった頃は「英語を勉強したい」と口では言いつつも、ほとんど勉強せずに過ごしていたので英語力は受験生当時のまま、あるいは、さらにできなくなっているかもしれないという状況でした。

「そんな私が、〝全部英語〟という専攻に入れてもらえるんだろうか……」

「それよりも目の前の面接で、受け答えすらできないんじゃないか……」

仮に合格したとしても、果たして授業についていけるのかもわかりません。それでも、「やれることは全部やるかしかない」。

試験対策とは言うほどのものではありませんが、単語帳を暗記したり、日本語の文章を見て、パッとその場で英語に翻訳するという訓練〝クイックレスポンス〞をしたり、自分でできる限りの勉強に取り組みました。また、面接中に求められた時に受け答えができるように、問われるであろう質問を予想して、回答用の英文をあらかじめ準備するようにしたのです。

冷や汗の英語面接

面接当日。オンラインでの面接は、何の準備運動もなくのっけから英語でした。

「Can you hear me?」

進行役のスタッフからそう尋ねられました。いきなり英語でくるとは想定しておらず、内心めちゃくちゃに焦りましたが、何か返さないといけません。

「Yes, yes I can!」

なんとかそう答えましたが、そのひと言で、もう限界だったのでしょう。面接がスタートすると、面接官である教授が英語でバーッと話しかけてきたのですが、上手く聞き取れず、何をどう答えていいのかまったく言葉が浮かびません。予想していたとは言え、予想を超える英語面接の圧力に、頭の中があっという間に真っ白になってしまいました。

「今、少し難しくて聴き取れませんでした」

冷や汗をかきながら、何とかそんな意味のことを英語で伝えました。すると、面接官が「どうします?」と顔を見合わせて、少し話し合ったかと思うと、面接官の1人がこう声をかけてくれました。

「……ええとじゃあ、あなたのポートフォリオから作品をひとつ選んで、説明してください。日本語を使ってもいいですよ」

「ただ、もし用意している英文などがあるなら英語で話してください」

緊張で固まり切ってしまっていた私を見て、助け船を出してくれたのでしょう。最初の質問を、もう一度、日本語で伝え直してくださいました。

そこで私は少し落ち着きを取り戻し、事前に準備していた英語を話すことができたのです。続いて、志望動機を懸命に伝えました。

「どうしても、この専攻で学びたい」

「人生の目標のためにGAPに入りたい」

それまでの私の人生で、あれほど必死に、誰かに自分の気持ちを訴えたことはありませんでした。3分か、5分か……もっと長い時間、必死に喋っていたように感じました。その間、面接官の先生たちは、ずっと私の話に耳を傾けてくれました。

面接は15分ほどで終わりました。最後に、面接官の1人がこう尋ねてきました。

「GAPは、授業を茨城県の取手キャンパスで行っているんだけど、本当に通えますか？」

「ここは美術の研究科なので、ピアノもないし音楽用のスタジオもないですけど、それでも大丈夫ですか？」

「もちろん大丈夫です。よろしくお願いします！」

そう答えて面接を終えた時、疲れ切ってヨロヨロと椅子に倒れ込みました。

居心地のいい場所から抜け出す

私がGAPを受けようと決めた理由のひとつは、まさしくこれでした。自分が「コンフォートゾーン」の外に行くことができると思ったからなのです。コンフォートゾーンとは〝快適な場所〟という意味。自分にとって居心地のいい場所ということです。

普通に考えれば、大学で作曲科にいたのであれば大学院でも作曲の勉強をするのが筋です。大学での学びをさらに深く掘り下げていけます。作曲から離れるケースもありますが、音楽に関連した専攻に進むことがほとんど。私のように美術研究科を受験するということは、かなりレアでしょう。

実際、最初に作曲科の先生に大学院進学を相談した際には、藝大を含めていくつかの音大の大学院を勧められていたのです、勧められたどころか、美術系の大学院を受けるということ自体、あまり快く思っていないようで否定的でした。それでも、私は「音大だけは行かない」と決めていました。

小・中学生の9年間、私は居心地のいいコンフォートゾーンから出ることなく過ごしてきました。それがすべて悪いと思っているわけではありません。自分ひとりで学んだり考えたりする力をつけることもできましたし、自分の好きなことをとことん自由にやり続ける楽しさも味わえました。

でも結局はいつか、そこから勇気を出して踏み出していかなければ、成長できないということも身を持って学びました。外の世界、未知の世界に自分から触れに行くほうがずっと面白いし、むしろそうし続けなければ、自分の成長が止まってやがて腐ってしまうということを味わってきました。

音楽という世界、業界自体もとても小さな狭い世界です。

プロとしてそれなりに名のある演奏家でも、コンサートを開催すれば集客は本当に大変。満員に見えても、客席にいたのは実は友達や知人、家族や関係者だけだった、というケースも少なくありません。それでも持ちつ持たれつで、演奏家が作曲家に仕事を依頼して、今度は作曲家が演奏家に仕事を頼む――というように業界の中だけで経済を回していくこともできます。ただ、それでは外に向かって大きく広がっていくことは難しい。「音楽家として食っていこう」と、真剣に考えたからこそ、

「まずは、自分自身が音楽のコンフォートゾーンから抜け出さないとダメなんだ」

「外に、世界に、こっちからリーチしていくようなやり方を探していかないといけないんだ」

入試の時点では、GAPで求められている英語力には確実に足りていなかったと思います。それでも、「そのために、ここで学びたい」という熱量だけは、伝えることができました。

43

生まれて初めて自分で「飛び込めた」瞬間

そもそも大学院は、誰かに「教わりに行く」場所ではない、というところがそれまでの学校と大きく違うところでしょう。自分で学びのテーマを決めて研究していくことが求められるところです。教授は、その進捗を確認してくれたり、研究の方向性や内容に専門的な知見から意見や指摘をしてくれるという、アドバイザーのような存在です。

あくまでも中心にいるのは自分、決めるのは自分です。

ですから大学院進学に際しては、学生と大学院側、互いのマッチングがとても大切になります。自分が研究したいテーマを指導できる先生がいるかどうかが重要です。どんなに有名な教授がいたり最先端の研究をしている専攻であったとしても、自分が学びたい領域とズレていれば通う意味がありません。

逆に、どんなに優秀な学生であったとしても、「それはここでは教えられる先生がいないんだよね」ということになると、その大学院には合っていないと判断されて不合格になってしまうのです。

もし、私がGAPに落ちたとしたら、「あなたは能力が足りてない」というよりも（英語はまったく足りていませんでしたが）、「あなたのやりたい研究はこの専攻にはマッチしていないから、違う場所に行ったほうがいいですよ」ということ。

「まぁ、やれることは精一杯やったから、これでダメだったらしょうがないな」

「もし落ちたら、フリーランスとして頑張っていこう！」

入試後、そう肚を括っていましたから、合格の通知が来た時は、4年かけた作曲科合格よりも、いや、比べものにならないほど大きな喜びがありました。

正解がない中で自分だけの答えを探す

もちろん作曲科の時も嬉しかったことに違いはないのですが、合格には親の金銭的なサポートがあって、ハッキリした入試対策フォーマットあって、それを教えてくれる先生たちがいて、と〝用意されていた〟ものによる要因が大きかった。試験自体も入試というフォーマットの中で「上手くできたか」どうかが評価されるものでした。

一方の大学院は、正解が用意されておらず、音楽だけでなく自分という人間のこれまでを、すべてぶつけることを求められている感覚がありました。知恵を絞ってなりふり構わずぶつかっていった結果、

「キミのパーソナリティに惹かれたので、ぜひ一緒にやっていきましょう」

という意味での合格を勝ち取ることができたのです。それは私にとって、とても重い意味を持っているように感じられました。

実際にGAPで、私以外で音楽をやっている人は、同級生には1人もいません。英語に関しても、普通であれば「こんなに英語が喋れなかったら、ちょっとね……」と判断されていたかもしれません。それを先生たちは、「あなたが〝大学院に入ったら頑張る〟と言うんだったら……」と、私を信じてくれたのだと思います。実際に面接の時、面接官の1人がこんな言葉をかけてくれました。

「あなたのように音楽をやってきた人がこの美術のフィールドにいると、それだけで周りにすごく刺激になるんじゃないかな」

私のダメなところも含めて、何もカッコつけてもいない、ありのままの自分を受け入れてもらえたという嬉しさでした。

受験費用の工面や、対策も1人で挑んだ受験。だからこそ、そこで得た合格は自分自身が「一歩飛び込めた」ということへの大きな喜びで、本当の意味での成功体験だったと思います。

44

「溺れながらでも泳ぎ続ける」と英語も喋れるようになる

こうして2023年の春、私は晴れて東京藝術大学大学院に入学しました。

改めて見ると、〝グローバルアートプラクティス〟なんて、少し仰々しい名前が付いていますが、藝大大学院においては、できたばかりの超すみっこに置かれている専攻です。実際にキャンパスは、作曲科時代の上野キャンパスではなく茨城県の取手市にあるくらい。

それは学生もそうです。1学年18名の学生は、藝大出身者は少なく、ほかの美術大学や一般の四年制大学出身者が大半。国籍もバラバラなら、1人1人の能力もバラバラです。ただ全員、学ぶことに強い関心があって、「自分のテーマを深く掘り下げていく」という明確な目的意識を持って集ってきていることだけが共通点です。

また、先にも書きましたが、留学生も多く受け入れているためすべての講義も専攻内での会話も基本的に英語です。みんながいるところでは英語で話すというのが基本的なルールなのですが、もちろん日本人の先生と2人で話すとか、日本人のクラスメート同士といった時には日本語で話をしますし、あるいは例えば、中国からの留学生同士が母語で会話をすることもOK。GAPでは、英語はあくまでも、「違う文化を持つ者たちのためのコミュニケーションツール」という考えです。だからこそ、英語のコミュニケーションの授業では、英語の持つ支配的な歴史の学びからスタートします。

また、多様性の中で学びを進めるGAPにおいて大切なのが〝代名詞〟。相手のことを「彼」と呼ぶのか「彼女」と呼ぶのか。本人は「he」と言って欲しいのだろうか、「she」なのだろうか、それともそれ以外の言葉を使って欲しいのか。お互いが、どういう関係を築いていくかについて話し合うところから学生生活が始まるのです。

泳ぎだしたら慣れる

入学前に一番気がかりだった、英語も何とかなるものです。先生が話していることはアートについてだと私もわかっていますし、出てくる単語も大学受験プラスアルファくらいのレベル。英検1級試験のような難解な単語が出てくるわけでは決してありませんから、授業中に完璧には理解できなくても、ついていくことはできます。

英語をはじめ語学は、「泳ぎだしたら慣れる」ということも確信しました。

最初はやはり大変ですが、正しい泳ぎ方や練習方法を覚えて、あとはしっかりとトレーニング。そして実際に実践してみることです。

私は「大学院に入れたら、絶対に英語を自分のものにする」と決めていました。

たしかに入学直後の3か月間は、先生が講義で何を言ってるのか、ほとんどわかりませんでした。講義どころか、その前段階のオリエンテーションの説明が聞き取れません。もちろんクラスメートに話しかけられてもわからない。ペットボトルのキャップが〝燃えるゴミ〟なのか、〝燃えないゴミ〟なのか、「Is it burnable?」と尋ねられた時も聞き取れなかったくらいです。

「自分の語学力不足で会話が成り立たない」という状況はかなりツラいのですが、ここで諦めたら負けです。

「だからといって学校に行かないとか、みんなと喋らないとか絶対にしないぞ」

くじけそうになると、そう思って食らい付いていきました。授業でも日常会話でも新しいフレーズを耳にすれば、すぐに調べて暗記。

「喋れなくても気持ちがあればコミュニケーションはとれる」と、常にクラスメートに自分から声をかけるようにしていました。

3か月目のブレイクスルー

毎日の通学時間も英語の勉強に充てます。幸か不幸か、自宅のある神奈川県からキャンパスのある取手市まで電車を乗り継いで片道2時間半もかかりますから、集中して勉強するには絶好のロケーションです。

基本的にはまずシャドーイング。楽器と同じです。英語の音源を聞いているだけでも文章を読むだけでも不十分で、聞いて読んで喋る——までがワンセット。ですから、電車内では毎日ずっとスマホで英語の音源をイヤホンで聞きながら、小さな声でつぶやくようにシャドーイングしていました。シャドーイング以外にはクイックレスポンスも効果的でした。そうやって英語の表現を少しずつ覚えました。

3か月間過ごして、学内では、とにかくなんとか無理やりにでもクラスメートの話を聞いていると、だんだんと、ぽろぽろっと彼らが何を言っているのかわかるようになってきました。そう。藝大の受験勉強を始めたばかりの頃、ソルフェージュのレッスンでまったく聴き取れなかった音が、ある日突然わかるようになったのと同じ。

そのタイミングで、ヨーロッパを3週間ほど旅したこともプラスに働きました。GAPのプログラムの一環で、ドイツでのワークショップに参加したのですが、そのついでに夏休みの期間中、周辺の国々を周ることにしたのです。

イタリアでは鉄道会社のストライキにぶつかってしまって、「これを逃したら日本に帰れなくなっちゃう！」と必死に英語で説明したり、手続きのトラブルで入国拒否されかけた国では英語で抗議したり。通じているのかいないのかわからないけど、予期しないトラブルで「英語を喋るしかない」状況に追い込まれると、人はやはり成長するのだと実感しました。そうして、ひと夏を終えた頃、いつの間にか、会話にも授業にもギリギリついていけるくらいの英語が喋れるようになっていました。

英語学習で焦らずに済んだのは、私が自分の学習能力を掴んでいたからという部分も大きいと思います。

「このぐらいの時間をかければ、これぐらいの能力が身につくはずだ」

という道筋がなんとなくわかっていたので、迷うことはありませんでした。一般的に英語の習得にはおよそ3000時間が必要だと言われています。そのうち、学校教育で1000時間をカバーしていると言われていますから、それ以外の独学で「2000時間が必要なんだな」と計算が立ちます。おおよその必要勉強時間が算出できれば、「自分があとどれくらい時間が足りないのか」もおのずと割り出せる。あとは勉強の方法さえ大きく間違っていなければ、自動的にできるようになるはずです。

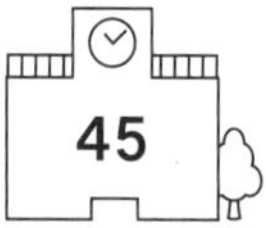

孤独という痛みに「寄り添えるアート」を

GAPでの学びの中で、私が描いていた新しい一歩は踏み出せたと思います。でも、これはほんの序章。これからは、より自分の輪郭を深く掘り起こして、自分自身が本当に聴きたい音や言葉を探していかなくてはなりません。

その上で、私は、やはり「人に寄り添うことのできる可能性のあるもの」を作っていきたいと思っています。

おこがましいかもしれませんが、かつての自分のような子どもや、孤独を抱えている人の居場所になることのできる体験を作りたいのです。

「小学校も中学校も行ってなかったけど、なんか色々やってる人らしいよ」

「何だか楽しい仕事をしているみたいだよ」

「面白そうな人生を送っているな」

私自身が音楽家として活動を続けていくことで、もし少しでも世の中で認知されるようになれば、いつの日かそれが誰かにとってのちょっとしたヒントになったり、初めの1歩を踏み出すきっかけになるかもしれないと思っています。

誰かの親友に

振り返ってみると、子どもの頃の私は「ひとりぼっちだったな」と思うのです。ほかの同世代の子どもに比べて発達が早かったのかもしれません。ただ、それを正確に、本当の意味で理解してくれる人は周りにいませんでした。

人は誰でも孤独な部分を抱えているはずですが、子ども時代の私の孤独は、ほかの人より少し大きくて強かった気がします。人間にとって一番の孤独は、そんなふうに「理解してくれる人がいない」ということではないかな、と思います。

音楽をはじめアートや文化も、時にそんな孤独な私たちの理解者になってくれるように感じることがあります。

絵画を鑑賞したり、本を読んだり、映画を観たり、曲を聴いたりする中で、決して作者の意図が「誰かに寄り添う」というところになかったとしても、不思議と、暗闇の中に光が差し込むように感じることがあります。

私は、そんな不思議な体験に、何度も救われてきました。

その中でも音楽は、学校に行かず、ひとりぼっちだった私のそばにいつもいてくれました。

そばにいただけでなく、私を外の世界とたくさんの人たちと繋げてもくれました。

私にとって、すごく大切な親友のような存在でした。

だから今度は、私が、ひとりぼっちでいる誰かの親友になりたい。そう思っているんです。

著者紹介

内田拓海（うちだ たくみ）

1997年生まれ。神奈川県藤沢市出身。作曲家・アーティスト。東京藝術大学大学院美術研究科グローバルアートプラクティス専攻在学中。６歳の時、「自分は学校へは行かない！」と宣言し、小・中学校の９年間をホームスクーラーとして過ごす。通信制県立高校に進学後、一念発起。音楽経験がほぼゼロの状態からピアノと作曲の勉強を始め、２浪の末、東京藝術大学音楽学部作曲科へ進学。自身が不登校で過ごした経験から、鑑賞者にとっての〝居場所〟となれるアートの探求、創作活動を行っている。受賞歴に、令和５年度奏楽堂日本歌曲コンクール作曲部門第３位、東京藝大アートフェス2023東京藝術大学長賞（グランプリ）などほか多数。

公式YouTube：@takumiuchida

公式HP：https://www.takumiuchida.com

不登校クエスト

2024年10月10日　　第1刷発行

著　者　内田拓海

発行者　矢島和郎

発行所　株式会社飛鳥新社

〒101-0003　東京都千代田区一ツ橋2-4-3 光文恒産ビル

電話03-3263-7770（営業）　03-3263-7773（編集）

https://www.asukashinsha.co.jp

デザイン　大塚さやか

イラスト　16号

編集協力　相川由美

印刷・製本　中央精版印刷株式会社

ISBN 978-4-86801-030-2

編集担当　石井康博

飛鳥新社
公式X（twitter）

お読みになった
ご感想はコチラへ